KB274159

역사를 훔친
첩자

역사를 훔친 첩자

저자_ 김영수

1판 1쇄 인쇄_ 2006. 10. 2.
1판 5쇄 발행_ 2006. 12 . 16.

발행처_ 김영사
발행인_ 박은주

등록번호_ 제406-2003-036호
등록일자_ 1979. 5. 17.

경기도 파주시 교하읍 문발리 출판단지 515-1 우편번호 413-834
마케팅부 031)955-3100, 편집부 031)955-3250, 팩시밀리 031)955-3111

글 · 사진 저작권자 ⓒ2006 김영수 · 권태균
이 책의 글과 사진의 저작권은 각 저자에게 있습니다.
서면에 의한 저자와 출판사의 허락 없이 내용의 일부를 인용하거나 발췌하는 것을 금합니다.

Copyright ⓒ2006 Kim Young-Soo · Kwon Tae-gyun
All rights reserved including the rights of reproduction
in whole or in part in any form. Printed in Korea.

값은 표지에 있습니다.
ISBN 89-349-2330-X 04900
       89-349-2158-7 (세트)

독자의견 전화_ 031) 955-3104
홈페이지_ http://www.gimmyoung.com
이메일_ bestbook@gimmyoung.com

좋은 독자가 좋은 책을 만듭니다.
김영사는 독자 여러분의 의견에 항상 귀 기울이고 있습니다.

표정있는역사

역사를 훔친 첩자

김영수 지음

김영사

삼국 간 군사 충돌이 치열하게 전개되고 있던 7세기 중반, 정확하게는 650년 신라의 승려 두 사람이 당으로 불법을 구하기 위해 국경을 넘었다. 두 사람은 당시 당나라와 고구려를 구분지었던 요동 지역으로 길을 잡아 나가던 중 국경을 지키던 고구려 군사에 의해 수십 일 동안 감금당한다. 당나라행은 물론 무산되었고, 둘은 간신히 목숨만 부지한 채 신라로 되돌아온다. 그런데 이들의 발목을 붙잡은 혐의란 것이 뜻밖에도 '첩자'였다.

얼핏 뜻있는 종교인이 구법 과정에서 당한 시련 정도로 치부할 수 있는 대목이긴 하다. 하지만 관심의 초점을 구법승 두 사람이 아닌 그들에게 씌워졌던 '첩자'라는 혐의에 둔다면 우리 고대사 연구에서 관심을 기울이지 않았던 뜻밖의 가슴 뛰는 연구거리와 조우할 수 있다. 바로 '첩자'라는 익명의 존재들이다. 역사에서 이들은 철저하게 조연에 지나지 않았지만 그들의 행위는 개인이나 집단은 물론 한 나라의 운명까지 좌우할 정도로 중대한 결과를 낳았다.

650년 첩자 혐의를 받고 수십 일 동안 구금되었던 두 승려에 대한 기록은 『삼국유사』(권4 「의해」 제5 '의상전교')에 남아 있으며, 두 승려는 다름아닌 원효와 의상이었다.

고구려의 장수왕은 즉위 63년째인 475년 9월에 3만 명의 병력으로 백제를 기습하여 개로왕을 사로잡아 처형하고 수도 한산을 점령했다. 백제는 멸망 일보 직전까지 몰렸다. 그런데 백제의 이 치욕스러운 패배의 이면에는 한 승려가 있었다. 그는 고구려가 치밀하게 준비한 백제 공략 시나리오에서 중요한 부분을 담당한 첩자였다. 장수왕은 첩자를 모집했고 그는 승려의 신분으로 조국 고구려를 위해 첩자를 자원했다. 그는 죄를 짓고 고구려에서 도망쳐 온 것처럼 꾸미고 개로왕의 취미인 바둑으로 접근하여 신임을 얻은 다음, 현란한 말솜씨로 각종 대형 토목사업을 부추겨 백제의 국력을 소모시켰다. 개로왕은 말할 수 없는 후회와 함께 도림을 저주하면서 죽어갔다. 이 사건은 첩자 한 사람이 한 국가를 멸망의 문턱까지 몰고 갈 수 있음을 보여준 대표적인 사례로 꼽힌다.

신라의 명장 김유신은 침투 간첩 조미곤을 통해 백제의 최고위층 실세인 좌평 임자를 포섭하여 백제 정권의 동향을 면밀히 파악하였고, 그 결과 상대적으로 크게 힘들이지 않고 백제를 멸망시킬 수 있었다. 조미곤은 백제에 포로로 잡혀가 좌평 임자의 집에서 종노릇을 하다가 도망쳐 온 인물이었다. 김유신은 이 조미곤을 사상적으로 철저하게 훈련시켜 다시 임자에게 보내 그를 포섭하게 하는 완벽에 가까운 첩보술을 구사하고 있다. 백제가 힘 한번 제대로 써보지 못한 채 무너진 것은 신라의 첩보망이 백제 지배층 깊숙이 침투해 있었던 것과 결코 무관하지 않다.

김춘추로 하여금 목숨을 건 고구려행을 감행하게 만든 642년 백제와 신라의 대야성 전투도 그 실상을 파고들면 치정과 그것을 이용한 첩보전이 핵심이다. 대야성 성주였던 김춘추의 사위 김품석은 자신의 휘하에 있는 막료 검일의 아내와 불륜을 저지른다. 이런 상황을 예의주시하고 있던 백제의 첩자 모척은 김품석에게 불만을 품고 있는 검일을 포섭·매수하여 내통함으로써 대야성 전투를 승리로 이끌고, 김품석과 그 가족을 몰살했다. 대야성 전투로 야기된 김춘추의 고구려행은 궁극적으로 나·당 연합을 이끌어냈고, 나아가서는 신라가 삼국 통합에 박차를 가하게 됨으로써 삼국은 물론 당시 국제정세의 판도 변화에 결정적인 작용을 했다.

이렇듯 삼국시대는 우리 역사에서 첩자들이 가장 왕성하고 눈부시게 활약했던 시기였다. 승려들까지 첩자로 활용할 정도로 첩자전이 치열하고 다양하게 전개되었다. 삼국은 모두 급변하는 국제정세와 무한경쟁에서 살아남기 위해 총력전을 기울였고, 그 과정에서 상대에 대한 첩보와 그를 통한 정보 확보는 필수적이었다. 때문에 삼국은 첩자 침투와 첩보를 쉴새없이 수행할 수밖에 없었다. 첩자들의 무대는 삼국에만 한정되지 않고 수·당을 축으로 한 동아시아 국제사회 전반에 걸쳐 있었다. 그리고 그들의 활약상 여부에 따라 한 개인의 운명은 말할 것도 없고 한 국가의 흥망이 좌우되었으며, 나아가서는 국제정세의 판도까지 변화시켰던 것이다.

우리 삼국시대의 역사를 보면, 기록상으로 전문적인 첩자 이론은 전혀 남아 있지 않다. 그러나 『삼국사기』나 『삼국유사』에 남아 있는 첩자 활동의 사례들을 분석해보면 대단히 치밀하고 다양하며 생동감 넘치는 첩자들의 모습을 얼마든지 확인할 수 있다. 그리고 병법서의 바이블로 불리는 『손자병법(孫子兵法)』의 핵심적 이론과 사상을 실전에 활용한 사실도 곳곳에서 확인된다. 이는 삼국이 모두 첩자 이론과 활용에 관해 탄탄한 지적 기반을 갖추었다는 방증이다.

극단적으로 말해 삼국시대는 전쟁의 시대라 말할 수 있다. 연구에 따르면, 기록으로 남은 삼국시대 전쟁 횟수는 약 460회에 이르며, 그중 삼국 간의 전쟁은 약 275회로 전체 전쟁의 60퍼센트 정도를 차지하고 있다. 삼국시대 역사를 대략 700년으로 볼 때 1.5년에 한 번 꼴로 전쟁이 벌어진 셈이다. 기록에 나타나지 않은 전쟁까지 포함시킨다면 거의 1년에 한 번은 전쟁을 벌였다는 단순한 계산이 나온다. 특히, 589년 수나라가 중국을 통일한 이후 동아시아 국제 질서가 재편성되면서 전쟁의 양상은 국제전으로 변모했고, 이에 따라 전쟁의 횟수가 급격하게 늘어났으며 그 규모도 전례 없이 커졌다. 이후 백제와 고구려가 멸망하고 신라가 삼국을 통합할 때까지 전쟁이 안 일어난 해는 거의 없었다. 7세기는 전쟁의 세기였다.

전쟁은 첩자의 온상이며, 첩자는 전쟁의 산물이다. 약 100년에 걸친 전쟁사는 바꿔 말하면 첩자의 역사이기도 했다. 앞으로 보게 될 삼국시대 첩자들의 활약상이 대부분 7세기에 집중되어 있는 것도 이 때문이다. 이들은 급변하는 국제정세를 보다 정확하게 파악하고 자국의 생존을 확보하기 위해 죽음을 무릅쓰고 상대국에 침투하여 첩자 활동을 펼쳤다.

이 책은 우리 고대사에 단편적인 흔적을 남기고 있는 첩자라는 존재에 대한 본격적인 연구의 결과물이다. 독자들은 우선 첩자의 역사가 동서양 모두 4천 년 전으로 거슬러 올라간다는 사실에 놀랄 것이고, 또 수천 년 전부터 오늘날과 거의 다를 바 없이 많은 유형의 첩자들이 기발하고 다양한 첩보술로 무장한 채 종횡무진 활약했음에 또 한번 놀랄 것이다. 그리고 이어 우리 역사상 가장 치열하게 서로를 공격하면서 동아시아 국제질서 재편성에 깊숙이 개입했던 삼국시대 각국이 아주 폭넓게 첩자를 활용했다는 사실은 신선한 충격으로 다가올 것이다. 우리의 첩자 역사가 2천 년이나 된다는 점도 새삼스럽기는 마찬가지다.

동서양 첩자의 역사를 훑어보면, 기원은 비슷하지만 그 이후의 전개상은 전혀 달랐음을 알 수 있다. 서양의 '스파이' 역사는 고대 이후로 2천 년 가까이 단절된 상태였다. 물론 그 사이 스파이가 없었다거나 그들이 활동하지 않았다기보다는 기록상의 한계 때문일 것이다. 반면에 동양, 특히 중국 '첩자'의 역사는 역사적 실체로나 기록으로나 상당히 풍부한 자료를 남기고 있다. 고대사만 놓고 볼 때 우리 기록은 중국과 비교하면 빈약함을 면치 못하지만 서양에 비하면 상대적으로 풍부한 편이다. 서양의 본격적인 스파이 역사가 16세기 내지 17세기에 비로소 시작되었다면, 중국은 그보다 2천 년 이상 앞선 전국시대에 본격적으로 시작되었다. 우리의 경우는 기원 전후로 시작되어 7세기 때 절정기에 이르렀던 것으로 보인다. 절정기로만 따져도 서양에 비해 1천 년 가까이 앞선 셈이다. 이런 의미에서 첩자의 역사에 관한 한 우리 고대사는 논의할 여지가 많은 시대인 셈이다. 이 책도 이런 인식에서 출발했다.

이 책은 새로운 사실을 밝혀낸 것이 아니라 기록된 사실을 새로운 시각에서 접근하고자 한 노력의 산물이다. 또 다른 눈으로 역사를 보려는 사람에게는 역사가 늘 새롭고 달리 보일 수밖에 없다. 그리고 바로 이러한 자세야말로 독자들을 흥분시키는 원동력이다. 그 결과 필자는 김유신이란 인물을 첩보전에 관한 한 최고 전문가로 재조명할 수 있었고, 을지문덕 역시 심리전을 비롯한 첩자 활용에 능숙했음을 알 수 있었다. 왕의 동생들을 극적으로 구해온 신라의 박제상이란 인물도 첩자라는 각도에서 분석할 수 있었다. 설화적 색채와 유교적 관념으로 분식된 호동 왕자와 낙랑 공주를 둘러싼 실체적 진실을 첩자의 각도에서 접근함으로써 여러 가지 흥미진진한 결과를 얻을 수 있었다. 이 밖에도 역사를 새롭게 인식하게 하는 의미심장한 사실들을 적지 않게 확인했다.

이 책에서는 우리 역사에 족적을 남긴 첩자들의 사례들을 분석

하여 그들이 우리 역사에 던진 의미를 짚어보았다. 그리고 첩자에
관해 좀 더 깊이 있는 정보나 공부를 원하는 독자들을 위해 첩자
이론도 마련했다. 독자들이 각자의 취향이나 필요에 따라 순서를
바꾸어 읽어도 전혀 무리가 없도록 안배했다. 중대한 역사의 순간
순간을 바꾼 의미 있는 익명의 존재들에 대해 새로운 인식을 가졌
으면 하는 바람이다. 그들 역시 우리와 마찬가지로 역사를 변화시
키고 바꾼 위대한 보통 사람들이었다.

2006년 10월

김영수

차례

첩보술로 흥한 고구려
첩보술로 망하다

◉ 첩보 강대국 고구려

고구려의 첩자와 그 활용 사례는 『삼국사기』에 집중되어 있고 이 밖에 『구당서(舊唐書)』 『신당서(新唐書)』 『자치통감(資治通鑑)』 등 중국 측 기록에 단편적으로 남아 있다. 이 기록들을 전체적으로 검토한 결과 고구려의 첩자와 그 활용은 다음과 같은 몇 가지 특징을 보여준다.

첫째, 고구려는 상당히 이른 시기인 기원전부터 첩자를 활용했다. 이는 고구려가 중원 왕조나 북방 민족과 국경을 접하고 있었던 지정학적 조건에서 비롯된 것으로 보인다. 여기에 고조선이 내분과 한의 이간책(첩자전)으로 멸망한 것을 목격한 역사적 경험을 현실에 적용한 결과일 것이다.

둘째, 따라서 고구려의 첩자 활동 반경, 즉 첩보 상대국이 다른

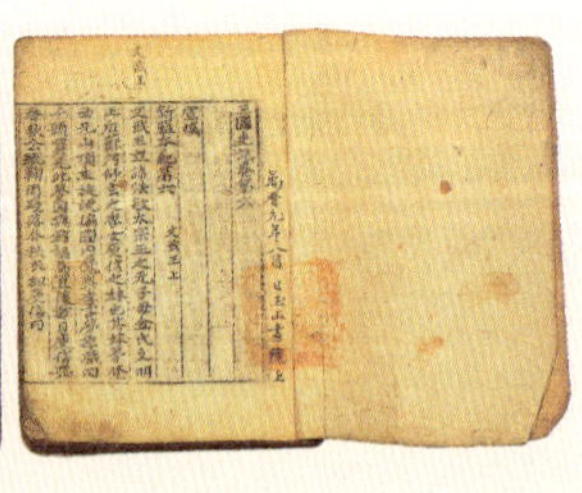
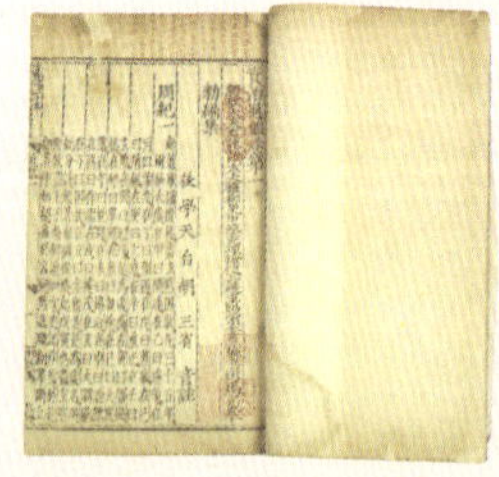

『삼국사기』와 『자치통감』 판본　삼국시대 첩자에 관한 기록들은 단편적이지만 이들의 활약상을 역사로 재구성하기에는 부족함이 없다. 사진은 첩자의 활약상을 전하는 『삼국사기』와 『자치통감』의 판본이다.

만발발자 유지발굴과 청동무기 고구려의 기원과 초기 청동기 문화의 모습을 밝힐 수 있는 중요한 문화유존인 길림성 통화 만발발자 유지의 발굴 모습과 청동무기.

나라에 비해 넓고 많을 수밖에 없다. 기록에 남은 것만 보아도, 백제와 신라 외에 중원 왕조인 수·당, 북방 정권인 북위·북연·선비·돌궐·말갈 등 다양하게 나타난다. 사료의 양이나 사례 면에서도 가장 많다.

셋째, 고구려는 승려들을 첩자로 적극 활용했다. 이는 기록상 다른 나라에서는 보기 드문 특징으로, 고구려가 이 방면에서 독보적인 노하우를 가졌던 것으로 추정할 수 있다.

넷째, 고구려는 주변국과의 혼인관계를 첩자 활용의 수단으로 삼기도 했는데, 이 역시 백제나 신라에서는 사례를 찾을 수 없는 특징이다.

다섯째, 고구려의 첩자 활용은 다른 나라에 비해 대단히 드라마틱한 요소가 많다. 자신의 아내를 첩자로 이용한 왕자 호동, 비수를 식기에 숨겨 적장을 암살함으로써 국가적 위기상황을 타개한 유유, 심리전에 능숙했던 을지문덕, 백제를 멸망으로 몰아넣은 위장 간첩 승려 도림, 당 태종에게 사로잡혀 그 이름을 남긴 연개소문의 첩자 고죽리 등 문학 소재로 삼기에도 넉넉한 사건과 사례들이 적지 않다.

여섯째, 첩자 활용에서 이처럼 다양하고 극적이었던 고구려는 역설적이게도 내분과 그에 따른 상호 첩보전으로 멸망을 재촉했다. 연개소문이 죽은 뒤 전개된 아들들 간의 권력 다툼과 치열한 첩보전 그리고 이들을 역이용한 당의 첩보술로 인해 막강했던 고구려는 맥없이 주저앉았다. 지도층의 내분은 언제나 역사의 진보 자체를 가로막았다. 각종 첩자 이론서들이 그토록 강조해마지 않았던 첩자의 작용이, 삼국 중 첩보전을 가장 다양하고도 능수능란하게 구사했던 고구려에 고스란히 적용된 것이다.

이제 관련 기록들을 재구성하면서 이러한 특징들을 좀 더 구체적으로 검토해보자.

◉ 고등 첩보술로 선비를 무릎 꿇리다

기원전 9년(2대 유리왕 11) 고구려는 적대관계에 있던 선비(鮮卑) 문제를 해결하기 위해 조정회의를 열었다. 선비는 서한 말기인 기원전 1세기 무렵 내몽고 지역으로 남하하여 요동군과 현도군 근

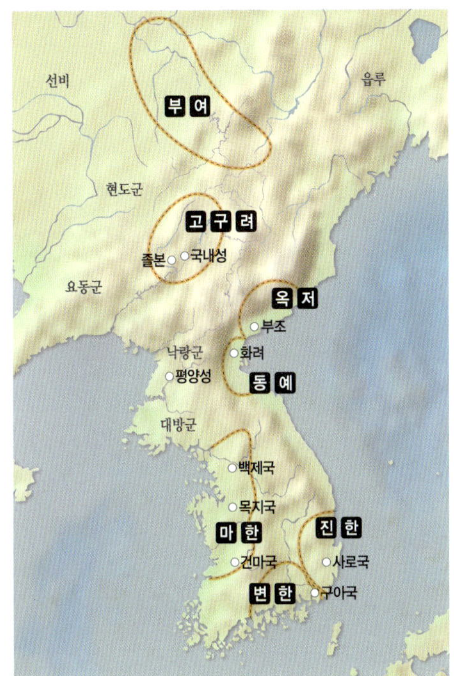

기원전 1세기 국제 정세도 초기 고구려의 첩보 대상국 중 하나였던 선비는 북방의 강대국으로 기원전 1세기 무렵에는 고구려 국경 근처까지 밀고 와 고구려를 긴장시켰다.

처, 즉 고구려 국경 근처까지 접근하고 있었다. 이는 이제 막 건국한 고구려의 안보에 큰 위협이 아닐 수 없었다. 이에 유리왕은 대신들과 함께 선비에 대처할 방안을 놓고 안보대책회의를 개최했다. 당시 회의에서 대신 부분노는 선비의 땅은 지세가 험하고 군대는 용맹하기 때문에 무턱대고 무력으로 싸워서는 불리하다는 현실론에 입각하여 다음과 같은 대책을 내놓았다.

사람을 시켜 반간(反間) 계책으로 선비에 들어가서 거짓으로 우리는 땅이 작고 군사가 약하여 겁을 먹고 움직이기를 싫어한다고 하면,

권 제13 「고구려본기」 제1 '유리왕' 11년(기원전 9)조

부분노는 명백하게 '반간계'를 제안하고 있다. 반간이란 적의 첩자를 이용하여 거짓 정보를 적에게 흘리게 함으로써 아군의 의도대로 적을 유도하는 첩자의 한 유형이자 첩보 행위이며, 『손자병법』의 첩자 전문이론인 「용간(用間)」편에서 가장 중요하게 다룬 첩자 활용술이다. 다만 내용으로 보아서는 부분노의 반간계가 위장 간첩을 의미하는 것 같기도 하다. 아무튼 유리왕은 부분노의 제안을 실행하여 선비를 항복시키는 데 성공한다. 유리왕이 사용한 반간계에서 또 한 가지 눈에 띄는 것은 거짓 정보를 적국에 흘리는 고등 첩보술이다. 이처럼 고구려는 일찍부터 상당히 수준 높은 첩자 활용과 첩보술을 보여주고 있다.

고구려가 초기부터 매우 정교한 첩보술을 구사한 까닭은 일찍이 고조선의 멸망 과정을 목격하고 이를 교훈삼았기 때문으로 추측해볼 수 있다. 사실 고조선 멸망의 직접적인 원인은 내분이었는데, 이 과정에서 한(漢)의 이간(離間) 책략, 즉 첩자 행위가 중요하게 작용했다. 이계상 참이 사람을 시켜 고조선왕 우거를 죽인 행위나, 한의 좌장군 순체(荀彘)가 우거의 아들 장과 노인의 아들 최를 시켜 백성들의 여론을 돌리고 끝내는 우거의 아들 성기를 죽인 것 등이 모두 치밀한 이간책에 따른 결과로 볼 수 있기 때문이다.(『사기』권115「조선열전」참고)

또한 거짓 정보를 적국에 흘리는 위장 첩자술과 반간계라는 고등 첩보술까지 활용했다는 점에서 고구려가 일찍부터 첩자와 관련

한 양성기관 또는 첩자 조직을 갖추고 있었을 가능성도 배제할 수
없다.

◉ 최초의 부부 첩자 호동과 낙랑의 비극

기원후 32년(3대 대무신왕 15) 4월, 왕자 호동은 옥저지방을 유람
하고 있었다. 이때 마침 낙랑왕 최리가 호동의 모습을 보고는 "그
대의 얼굴을 보니 예사로운 인물이 아니다. 혹 북국 신왕의 아들이
아닌가?"라 하고는 그를 데리고 가서 사위로 삼았다. 장인의 눈에
들어 사윗감으로 찍힌 셈인데, 이런 경우는 예나 지금이나 비슷한
가보다.

고구려로 돌아온 호동은 낙랑에 남아 있는 낙랑 공주에게 은밀
히 사람을 보내 무기고에 있는 낙랑의 보물인 북과 나팔을 부수면
바로 아내로 맞이해 데려오겠지만 그렇지 않으면 아내로 맞지 않
겠다고 전했다. 낙랑의 북과 나팔은 적병이 쳐들어오면 저절로 울
어 위험을 알렸기 때문에 호동은 이것을 부수게 한 것이다.

낙랑 공주는 호동의 말을 따라 북과 나팔을 못 쓰게 부순 다음
역시 사람을 보내 호동에게 이 사실을 알렸다. 호동은 아버지 대무
신왕에게 이 사실을 보고하고 낙랑을 기습하도록 권했다. 고구려
는 낙랑을 급습했고, 최리는 이것이 딸의 소행임을 알고 딸을 죽인
다음 항복했다.

소설 같은 이 이야기는 『삼국사기』(「고구려본기」 '대무신왕' 15년
조)의 기록이다. 호동 왕자와 낙랑 공주 이야기는 고구려가 낙랑국

호동 왕자와 낙랑 공주상
낙랑은 고구려 지배층의 첩보전
에 희생된 비운의 여인이었다.

을 복속시키는 과정에서 나온 비극적인 러브 스토리로 많은 사람
들에게 알려져 있고, 그 후로 수많은 새로운 이야기를 파생시키는
문학적 소재가 되기도 했다.

그러나 정작 이 기록은 외교와 첩자라는 각도에서 접근해야만
그 진상이 제대로 파악된다. 이에 대해 『삼국사기』는 혹자의 입을
빌려 다음과 같은 의미심장한 사족을 달아놓았다.

혹은 말하기를 고구려왕이 낙랑을 멸망시키려고 혼인을 빙자하여
그 딸을 며느리로 삼은 다음 며느리를 친정 나라에 돌려보내 병기를

파괴하게 한 것이라고도 한다.

기록대로라면 이 사건의 주모자는 대무신왕이 된다. 대무신왕은 아들과 며느리를 첩자로 이용하여 낙랑을 복속시키는 데 결정적인 역할을 하게 한 것이다.

『삼국사기』 호동의 기록은 유교적 색채로 분식되어 있어 그 실상을 이해하기가 쉽지 않지만, 어느 쪽이 되었건 고구려는 왕자 호동과 낙랑 공주를 첩자로 활용한 것만은 사실이다. 좀 더 정확하게 말하자면 대무신왕은 아들과 며느리를 동시에 첩자로 이용했고, 호동은 사랑을 미끼로 아내를 첩자로 이용했다. 특히 고구려(또는 호동)는 모종의 첩자 조직을 거느리고 있었던 것 같다. 호동의 옥저 유람도 정보 수집을 위한 첩자 활동의 일환으로 보이며, 낙랑 공주에게 은밀히 보낸 인물도 첩자로 추정되기 때문이다.

자국의 이익을 위해서라면 아무리 가까운 사람도 첩자로 이용하는 첩자 세계의 냉혹함을 호동과 낙랑의 이야기에서 새삼 확인할 수 있는데, 이 때문에 역대로 유교적 엄숙주의에 물든 사람들이 첩자 활용 자체를 하책으로 평가절하하거나 비하했던 것이다. 그러나 첩자 활용은 국가의 존망이 달린 중대한 군사 행위의 하나란 점에서, 이 이야기는 고구려가 일찍부터 첩자와 그 활용의 중요성을 인지하고 있었음을 적나라하게 보여준다.

첩자의 각도에서 볼 때 호동과 낙랑은 고귀한 신분으로 첩자 활동을 한 드문 경우이자 부부 첩자라는 희귀한 경우이기도 하다. 또 낙랑 공주는 한국사 최초의 여성 첩자라는 기록도 세운 셈이다.

또 한 가지, 고구려는 타국과의 국제적 혼인관계를 첩자 활용의

낙랑지역 혼인관계를 이용해 적국의 정보를 빼왔던 대표적인 사례, 호동과 낙랑 이야기의 주무대가 된
낙랑지역의 모습이다.

수단으로 이용했다는 사실이다. 혹자는 이 점을 정확하게 간파했
던 것으로 보인다. 이러한 추정은 아래 장수왕 54년(466)의 기록으
로도 입증된다.

어떤 사람이 왕에게 권하되 "위가 전에 북연과 혼인을 맺고 얼마
있다가 연을 정벌한 일이 있는데 이는 행인(行人)이 연의 지리를 두루
알아냈기 때문입니다. 이런 사례가 바로 얼마 전에 있었으니 방법을
강구하여 거절하십시오"라고 했다.

권 제18 「고구려본기」 제6 '장수왕' 54년(466)조

위 기사는 장수왕 54년에 북위 문성제의 황후 문명태후(풍태후)
가 후궁감으로 고구려의 왕녀를 요구한 일에 대해 조정 대신의 한
사람으로 추정되는 '어떤 사람'이 북위의 의도를 간파하고 그에
대한 대책을 촉구한 내용이다. 장수왕은 이 사람의 지적이 옳다고
판단하여 마땅한 왕녀가 없다는 구실로 북위의 요구를 거절하면
서 시간을 끌었고, 결국 북위 황제가 죽음으로써 사건이 마무리되
었다.

이 기사에서 주목되는 것은 '행인'이란 단어인데, 첩자와 관련
된 용어들을 검토해보면 이것이 첩자의 다른 이름임을 알 수 있다.
즉 북위가 일찍이 북연과 혼인관계를 맺으면서 혼인에 따른 수행
인원인 행인을 첩자로 활용하여 북연의 지리적 상황을 상세히 파
악한 다음 북연을 정벌했다는 것이다. 고구려는 북위가 이러한 목
적을 가지고 왕녀를 요구한 것으로 파악하여 이런저런 구실을 달
아 거절했고, 북위는 이를 의도적인 것으로 의심하여 강경한 외교
조치를 취하는 등 양국의 관계가 악화될 무렵 북위 황제가 사망함
으로써 자연스럽게 문제가 해결되었다.

고구려는 혼인관계를 이용한 첩자 활동의 예를 상당히 정확하게
간파하고 있었음은 물론, 고구려 자신도 혼인관계를 이용하여 상
대국의 정보를 입수하고 있었다. 한인(漢人) 치희(雉姬)를 왕비로
맞아들인 유리왕이나 왕자 호동이 그 단적인 예다. 이는 고구려가
첩자와 그 활동에 관해 상당한 지적 기반과 독자적인 네트워크를
갖추고 있었음을 뜻한다.

◉ 나를 죽이고 나라를 구한 사간의 전형, 유유

첩자 이론의 원조격인 『손자병법』의 마지막 편인 제13 「용간」에서 분류한 첩자는 모두 다섯 유형인데, 이중에서 '생간(生間)'과 '사간(死間)'만이 내 쪽에서 파견한 전형적인 의미의 첩자라 할 수 있다. 사간은 거짓 정보를 국경 밖으로 흘려 우리 쪽 간첩, 즉 생간이 이를 알게 하여 적에게 전하게 하는 임무를 띤 첩자인데, 이 과정에서 목숨을 잃기 쉽기 때문에 '사간'이란 이름이 붙은 것이다. 생간은 살아 돌아와 그동안 입수한 정보를 보고하는 행위나 그런 첩자를 말한다. 모든 첩자 유형 중 가장 첩자다운 첩자가 사간이고, 가장 전형적인 첩자가 생간이다.

사간의 임무는 거짓 정보를 흘리는 것에만 한정되어 있지 않았다. 때로는 직접 자신이 적국에 침투하기도 했는데, 이때는 대개 '위장'이 따른다. 가장 보편적인 것이 거짓 항복이고, 극적인 경우는 본국에서 극심한 정치적 박해를 받은 것처럼 위장하여 적국에 침투하는 경우다.(때로는 실제로 가족들을 희생시키기도 했다) 그리고 이때 사간의 임무가 적의 요인을 암살하는 것이라면 상황은 더욱 긴장감이 넘치고 흥분될 수밖에 없다. 그런데 고구려의 첩자 기록에도 이런 극적인 스토리가 남아 있어 눈길을 끈다.

227년 동천왕이 고구려의 제11대 왕으로 즉위했다. 이 무렵 요동지방의 정세가 긴박하게 돌아가고 있었다. 이 해에는 촉의 제갈량(諸葛亮)이 위나라 정벌에 나서기도 했는데, 중국 삼국 간의 쟁패로 인해 변방에 해당하는 요동지역은 공손(公孫)씨가 거의 독자적으로 통제하고 있었다. 공손씨 세력은 189년 공손도가 요동태수

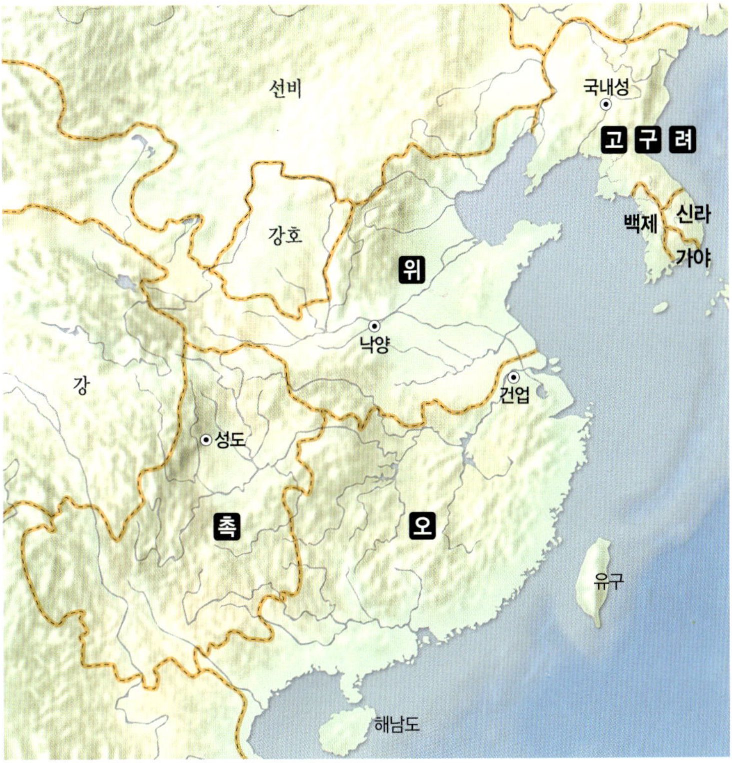

3세기 국제정세도 3세기 무렵 고구려는 중원이 3국으로 나뉘고 요동과 산동 등 동북방이 지방 세력에 의해 통제되는 중국 내 불안정한 정세를 이용하여 주변국에 대해 폭넓은 첩보망을 작동시킨 것으로 추측된다. 그러나 이 과정에서 246년 관구검의 공격을 받아 수도 환도성이 함락당하는 등 큰 타격을 입기도 했다.

로 부임하면서 이 지역을 통제하기 시작하여 공손강, 공손공, 공손연을 거치는 약 50년 동안 요동과 산동의 주인 노릇을 했다. 고구려는 172년(신대왕 8) 동한의 공격을 받은 이래 요동지역에 대한 압박을 늦추고 국내 정치에 힘을 쏟고 있었지만, 이 지역에 대한 주도권에 늘 관심을 기울이면서 사태의 추이를 면밀히 살피고 있었다. 238년(동천왕 12), 위나라의 실력자 사마의는 4만의 군대를 동원하여 요동의 실세 공손씨 공격에 나섰다. 위의 수도 낙양에서 4천 리나 떨어진 요동을 공격하는 일은 상당한 무리가 따랐지만 사마의는 고구려의 도움을 받아 공손씨에 대한 공격을 감행했다. 고구려는 고구려대로 속셈이 있었다. 위를 도와 공손씨 세력을 제거함으로써 그 대가로 요동지역에 대한 일정한 지분을 확보할 수 있을 것으로 기대했기 때문이다. 이에 동천왕은 242년 서안평현을 공격하는 것을 시작으로 요동 탈환에 나섰다. 중국 삼국의 최강과 우리 삼국의 최강이 마침내 충돌한 것이다.

246년(동천왕 20), 드디어 위는 유주자사 관구검(毌丘儉)으로 하여금 1만여 명의 군대로 고구려를 공격하게 했다. 동천왕은 약 2만의 군사로 관구검과 맞섰다. 전투는 고구려의 우세 속에서 진행되었으나 승리에 취한 동천왕이 경솔하게 관구검의 전술에 말려 무려 1만8천의 전사자를 내고 간신히 도주하는 처참한 패배를 맛보았다. 관구검은 추격의 고삐를 늦추지 않았다. 수도 환도성을 함락시키고 계속 동천왕을 추격하여 남옥저까지 쫓아왔다. 말 그대로 절체절명의 위기였다.

이러한 상황에서 고구려를 구한 인물은 밀우와 유유였다. 밀우는 결사대를 이끌고 위의 추격병에 맞서 항전함으로써 동천왕에게 도주할 시간을 벌어준 다음 부상으로 쓰러진다. 그러자 이번에는 유옥구가 나서 밀우를 구출한다. 그러나 위의 추격은 계속되었다. 이 때 유유가 등장하여 적장을 죽여 추격을 멈추게 하겠다고 제안한다. 『삼국사기』는 유유의 활약을 다음과 같이 묘사하고 있다.

유유가 위나라 군대에 거짓으로 항복하여 (중략) 위의 장수가 항

복을 받으려 할 때 유유는 식기(食器) 속에 칼을 감추고 앞으로 나아가 칼을 빼어 위나라 장수의 가슴을 찌르고 그와 함께 죽었다.

권 제17 「고구려본기」 제5 '동천왕' 20년(246)조 및
권 제45 「열전」 제5 '밀우 · 유유'

유유의 행위는 대단히 극적이다. 홀홀단신 적진에 들어가 적장을 찔러 죽이고 자신을 희생하여 나라를 구했다는 사실 자체만으로도 그의 이야기는 영웅담이라 할 만하다. 그런데 위 기록만을 놓고 볼 때 유유의 행위는 첩자보다는 자객에 가깝다. 그의 장렬한 행적이 흡사 중국 전국시대 말기 진시황(秦始皇)을 암살하려 했던 자객 형가(荊軻)를 방불케 하기 때문이다. 그러나 그가 거짓으로 고구려 동천왕의 항복 의사를 전달하고 그에 대한 신표로 병사들에게 먹일 음식을 가지고 갔다는 점 등은 첩자 행위에 가깝다.(형가는 진나라에 바친다며 연나라 한 지역의 지도를 가져갔다) 그러나 그는 첩자 중에서도 『손자병법』에서 말하는 '사간'에 가까우며, 암살의 과정도 전형적인 첩자의 행위 패턴과 다를 바가 없다. 유유는 당초 첩자는 아니지만 기꺼이 첩자를 자원했는데, 그런 점에서 형가 역시 첩자로 분류된다. 유유의 이야기는 첩자와 그 활용 여부가 국가를 절체절명의 위기에서 구할 수 있음을 보여준 전형적이면서 극적인 사례다.

흥미로운 사실은 이러한 맥락을 가진 스토리가 우리와 중국의 기록 모두에 심심찮게 등장한다는 것인데, 유유의 이야기는 요리한 물고기 뱃속에다 비수를 감추고 들어가 자기 주군의 정적을 제거한 춘추시대 오나라의 자객 전저(專諸)와 너무 흡사하다.

의 사정은 말 그대로 '남의 집 사정' 바로 그것이었다. 게다가 백제의 이러한 행보는 고구려를 자극할 수밖에 없었다. 더욱이 북위에게 전달한 국서에는 '이리, 승냥이, 죄인 연(장수왕), 간계, 반역, 어린아이' 등과 같은 고구려에 대한 험담과 비난으로 도배가되어 있었으니 고구려의 반응이 어떠했을지 짐작이 가고도 남을 것이다.

백제에 대한 고구려의 응징은 475년에 단행되었다. 장수왕 후기인 즉위 63년째였다. 9월 장수왕은 3만의 병력을 거느리고 백제의 수도인 한산을 기습했다. 개로왕은 성이 함락되기 직전 탈출했으나 결국 고구려 군대에 사로잡혀 목이 잘렸다. 이때의 상황을 『삼국사기』는 다음과 같이 전한다.

왕이 도망나왔는데 고구려의 장수 재증걸루 등이 왕을 발견하고는 말에서 내려 절을 한 다음 얼굴에 침을 세 번 뱉었다. 왕의 죄를 나열하고 꾸짖으면서 왕을 묶어 아단성(아차산성) 밑으로 끌고 와서 목을 베었다.

재증걸루와 고이만년은 백제 사람이었는데 죄를 짓고 고구려로 도망간 자들이었다.

권 제25 「백제본기」 제3 '개로왕' 21년(475)조

고구려는 371년 고국원왕이 백제 근초고왕의 침공을 받아 전사하는 치욕적인 수모를 당한 이후 약 100년 만에 설욕을 한 셈이었는데, 이때 백제가 입은 타격은 고국원왕의 전사로 고구려가 입은 타격보다 몇 십 배는 더 심각했다. 왕성인 한산이 점령당했을 뿐

아차산성 475년 백제는 고구려의 치밀한 첩보 활동에 말려 수도를 빼앗기고 최고 통수권자인 개로왕
마저 살해당하는 처참한 지경에 몰렸다. 사진은 개로왕이 목 잘린 아차산성의 모습이다.

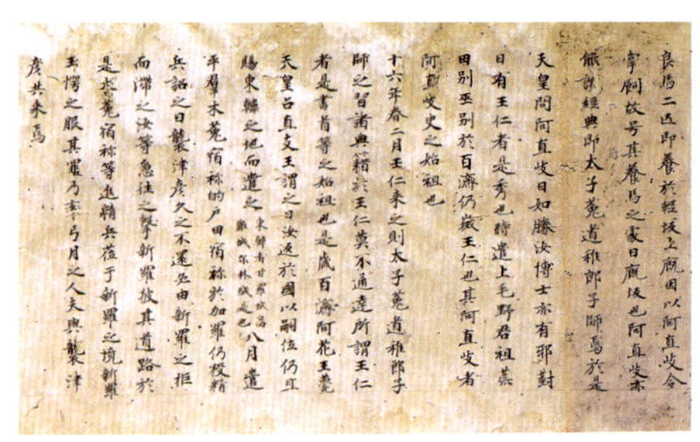

『일본서기』 우리 측 기록에는 없는 신라 첩자나 첩보에 관한 내용을 전하고 있다.

아니라, 『일본서기』에 인용된 「백제기」 기록에 의하면 왕은 물론 대후(大后, 왕비 또는 태후), 왕자 등이 모두 적의 손에 몰살당했다고 되어 있기 때문이다. 또 『삼국사기』 「고구려본기」에 따르면 남녀 8천 명이 고구려로 끌려갔다. 게다가 개로왕은 백제 출신인 재증걸루 등에게 욕을 먹고 침 세례까지 받는 견딜 수 없는 수모를 당하고 목이 잘렸으니, 백제가 받은 충격과 치욕이 어떠했을지 충분히 짐작이 간다.

백제는 태자(문주왕)의 주도로 남은 힘을 수습하고 가까스로 웅진(공주)으로 천도하여 재기를 위한 국력 정비에 들어갔다.

그런데 우리의 흥미를 끄는 것은 이 대사건의 이면에 백제 정벌을 위한 고구려의 완벽한 시나리오가 거의 한 치의 오차도 없이 작동하고 있었다는 사실이다. 그리고 그 시나리오의 축은 다름 아닌 '첩자'를 활용한 첩보전이었다.

고구려의 기습을 받은 개로왕은 성을 탈출하기에 앞서 아들 문주에게 "내가 어리석어 간인(奸人)의 말만 믿다가 이 지경에 이르렀다!"는 통한의 후회를 했는데, 개로왕이 말한 '간인'이란 '간악한 놈', '간사한 자'라는 의미이자 첩자의 다른 명칭이기도 하다.

32

그렇다면 이 간인은 과연 누구를 말하는가?

　개로왕이 북위에 군사 원조를 요청하는 국서를 보낸 것이 472년 2월이었고, 장수왕이 백제를 기습한 것이 475년 9월이었다. 그 시차는 3년 7개월에 이른다. 백제를 멸망 직전까지 몰고 갔던 이 대사건을 관전하는 가장 중요한 포인트는 바로 이 3년 7개월이란 시간에 있다.

　고구려와 백제는 일찍부터 나름대로 외교 채널을 동원하여 중국 정권과 각 방면에서 교류를 진행해왔다. 중국이 남북조시대로 들어서자 양국은 남북조 양쪽 모두와 외교관계를 수립하는 데 신경을 쓰면서도 고구려는 북조의 북위에, 백제는 남조의 송에 주요 외교 채널을 맞추었다. 이는 양국의 지리적 위치로 인한 불가피한 선택이란 측면이 강했다. 즉 고구려는 적대관계에 있는 북연과 국경을 접하고 있었기 때문에 북연의 서방에 위치한 강력한 북위를 우방으로 두어 북연을 견제하는 효과적인 외교관계를 수립했다. 북위 역시 북연을 견제할 수 있는 고구려와 우호적인 관계를 유지하는 쪽을 선택했다. 따라서 고구려와 북위의 관계는 적어도 북연 세력이 소멸되기 전까지는 우호관계를 유지할 수밖에 없는 상황이었다.

　한편 백제는 남조의 송과 우호관계를 지속적으로 유지했는데, 고구려에 의해 북쪽 육로가 막힌 상황에서 내린 당연한 선택이었을 것이다. 하지만 문제는 현실적으로 유사시 송이 바다를 건너 백제를 도울 가능성이 약하다는 것이었다. 신라와 왜의 협조도 기대할 수 있었으나, 신라는 광개토대왕이 신라를 공격한 백제와 왜를 물리친 이후 고구려의 군사력에 눌려 거의 종속적 관계에 들어선 형편이었고, 왜 역시 한번 고구려에 혼이 난 경험이 있기 때문에

섣불리 나설 계제가 아니었다.

이런 상황에서 백제가 현실적으로 군사 원조가 가능한 북위에 공식적으로 사신을 보낸 일은 백제로서는 불가피하면서 절박한 선택이란 측면이 강했다. 그러나 아무리 보아도 이는 외교적으로 고구려와 북위의 관계를 고려하지 않았거나 애써 무시한 무리수가 아닐 수 없었다. 이는 요행을 바란 것이나 다름없을 정도로 무모했다. 왜냐하면 기록상으로만 놓고 봐도 백제와 북위의 관계는 472년 청병(請兵) 국서를 전달하기 전까지 아무런 접촉이 없었던 반면, 고구려는 거의 2년 간격으로 북위에 사신을 보내 우호관계를 확인하고 있었기 때문이다. 특히, 북위는 436년 최대 라이벌이었던 북연을 멸망시킨 후로도 고구려와 변함없는 우호관계를 유지했다. 더욱이 북연의 멸망에는 고구려의 역할이 적지 않게 작용했다.

요컨대 백제에게는 고구려와 북위의 관계를 이간시킬 수 있는 명분도 현실적 이해관계도 없었다. 백제의 청병외교는 오히려 고구려에 의해 감지되거나 탐지되었을 가능성이 아주 크다. 어쩌면 북위 정부가 이 사실을 고구려에 공식적으로나 비공식적으로 통보했을 수도 있다. 474년 7월 고구려의 사신 파견은 이러한 통보(내지는 사신 파견)에 대한 답방일 가능성도 있다. 왜냐하면 바로 이듬해인 475년 고구려의 백제 기습이 단행되었기 때문이다.

이제부터 이야기할 대백제 첩보전의 경과에 따르면 고구려는 적어도 2년 이상 백제 정벌을 위해 치밀하게 준비했음을 확인하게 될 것이다.

백제가 북위에 군대를 요청했다는 사실을 확인한 고구려의 장수왕은 백제를 공략할 장기적인 대책을 수립한 것으로 보인다. 그 첫

단계로 장수왕은 북위와의 관계를 다시 한 번 확인한 다음 백제에 대한 대대적인 정보 수집에 들어갔다. 이어 장수왕은 첩자를 '모집'한다. 물론 이때의 모집은 철저한 보안 속에서 이루어졌다. 장수왕의 첩자 모집에 관해서는 『삼국사기』에 기록이 남아 있다.

(475년 고구려의 백제 침공에) 앞서 고구려 장수왕은 은밀히 백제를 꾀하기 위해 간첩으로 갈 자를 구했다. 이때 승려 도림이 응모하여 (하략)

권 제25 「백제본기」 제3 '개로왕' 21년(475)조

승려 도림이 간첩으로 발탁되었다. 도림은 응모하면서 국가의 은혜에 보답할 기회를 달라고 간청했다. 애국심이 확고한 인물임을 확인한 장수왕은 그동안 입수한 백제에 대한 기본 정보를 도림에게 주지시키고, 백제로 침투할 방안을 논의한 끝에 죄를 짓고 도망쳐 나온 것처럼 꾸몄다. 도림은 개로왕에게 접근하는 수단으로 바둑을 택했는데, 이는 개로왕이 바둑을 좋아한다는 사전 정보에 따른 것일 가능성이 크다. 도림 역시 바둑에 관한 한 국수(國手)의 경지에 올라 있을 정도였다. 그렇다면 장수왕이 첩자를 모집할 때부터 자격 요건의 하나로 바둑을 내세웠을 공산이 한결 크다.(개로왕의 바둑 취미는 「백제본기」뿐 아니라 '도미열전'에도 기록되어 있을 정도다)

성공적으로 백제에 침투한 도림은 바둑으로 개로왕의 마음을 사로잡았다. 그리고 이를 이용해 능숙한 언변으로 개로왕에게 대대적인 토목공사를 권유하여 장엄하고 화려한 궁실, 성, 누각 등을

짓게 하고 선왕의 무덤도 거창하게 보수하도록 하는 데 성공한다. 이로써 백제는 "창고가 텅 비고 백성들이 곤궁해져 나라가 누란의 위기보다 더 심각한 위기에 직면하기에 이르렀다".

시기가 무르익었음을 판단한 도림은 몰래 백제를 빠져나와 귀국하여 저간의 상황을 장수왕에게 보고한다. 장수왕은 자신의 시나리오대로 일이 돌아가는 것에 몹시 기뻐하며 바로 군대를 보내 백제를 습격했다. 개로왕은 참패하여 오랏줄에 묶인 상태에서 수모를 당하고 목이 잘렸다.

이상의 과정은 정말이지 한 편의 잘 짜여진 각본을 보는 듯하다. 이는 달리 말해 고구려의 사전 준비가 얼마나 치밀했는가를 잘 보여준다. 광개토대왕에 이어 장수왕이 고구려를 동북아시아 최대 강국으로 키울 수 있었던 데에는 이러한 치밀한 정보망이 적지 않은 역할을 했다.

더욱이 고구려는 백제 기습을 위한 길잡이, 즉 향도(嚮導)를 백제에서 망명한 백제인을 기용하여 가장 빠른 길로 수도를 습격하는 완벽에 가까운 작전을 보여주었다. 이러한 치밀한 작전을 완수하기 위한 시간이라면 적어도 2년 이상은 필요할 것이다.

백제는 외교전, 좀 더 노골적으로 말해 '첩보전'에서 고구려에 완패한 것이다. 다시 한 번 첩자의 활용 여부가 국가의 안위를 좌우할 수 있음을 새삼 확인시켜준 사건이었다.

한편 도림은 고대 첩자로서는 보기 드물게 이름이 밝혀진 인물이자 첩자로서 갖추어야 할 요건을 거의 완벽하게 갖춘 전형적인 첩자 모델이란 점에서 눈길을 끈다. 그는 우선 승려의 신분으로서 상대적으로 적국에 침투하기 쉬운 기본 조건을 갖추고 있었고, 여

기에 확고한 국가관으로 무장되어 있었다. 이는 현대 스파이 이론에서 첩자가 되는 일반적인 동인으로 꼽는 이념(Ideology)과 개인의 신념(Ego)에 해당한다. 그는 또 첩보 대상의 취향을 확실하게 파악하고 그에 맞추어 접근하는 노련미를 보였으며, 상대를 설득하는 뛰어난 언변까지 보여주었다. 그리고 무엇보다 중요한 것은 살아 돌아와 입수한 중대한 정보를 보고했다는 사실이다. 이는 『손자병법』「용간」편에서 가장 중요하게 취급한 '생간'의 필수 요건이기 때문이다. 즉 아무리 귀하고 중대한 정보를 입수했더라도 그것을 돌아와 보고하거나 전달하지 못하면 모든 것이 헛수고로 돌아가기 때문이다. 이런 점에서 도림은 한국 고대사에서 실명을 가진 최초의 가장 전형적이고 성공한 첩자로 꼽힐 것이다.

◉ 국가에 몸바쳐 충성한 승려 첩자들 이야기

『삼국유사』권 제4「의해」제5 '의상전교'에 보면 650년 원효와 의상이 중국으로 불법을 구하러 가다가 요동의 고구려 국경 수비대에 의해 첩자 혐의를 받고 수십 일 동안 구금당했다는 흥미로운 기록이 나온다. 사실 필자의 첩자 연구는 이 기록에서 발상을 얻어 시작되었다.

고구려 국경 수비대는 왜 원효와 의상을 첩자 혐의로 구금했을까? 이는 고구려가 승려를 첩자로 많이 활용하고 있었기 때문이었다. 위에서 살펴본 장수왕의 백제 기습에 결정적인 역할을 한 도림 역시 승려의 신분이 아니었던가? 그렇다면 승려들이 첩자로 나서

게 된 배경은 무엇일까?

이와 관련하여 「삼국의 첩보전과 승려」라는 연구 논문을 남긴 김복순은 다음과 같이 지적한 바 있다.

삼국은 (중략) 국가적 차원에서 불교를 전파시켰다. 이에 따라 승려들은 자연 우대되었고 이들은 국가를 위해 일정한 봉사를 하는 양상이 나타나게 되었다. 삼국시대 승려들에 있어 불교 본연의 구도적인 측면에서의 수행과 교화활동 이외에, 이들이 국가와 관련되어 나타나는 활동이 적극성을 띠고 드러난 것이다.(144쪽)

원효(좌)와 의상(우) 초상화
당으로 불법을 구하러 가던 중 두 사람은 '첩자' 혐의를 받고 한 달 가까이 구금당하는 곤욕을 치렀다. 당시 승려들이 첩자로 활동한 경우가 적지 않았음을 말해주는 사례라 할 수 있다.

이러한 지적은 도림이 첩자 모집에 응하면서 "어리석은 저로서는 불도를 알 길은 없고 나라의 은혜에 보답하는 길을 생각해왔사오니, 왕께서는 저를 못났다 여기시지 말고 일을 맡겨주시면 명을 욕되게 하지 않을 것입니다"라고 말한 대목에서도 확인된다.

삼국시대에는 승려들이 첩자로 활동한 경우가 적지 않은데, 기록으로 놓고 볼 때는 고구려가 유난히 많았다. 도림의 경우가 대표적이며, '김유신열전'에 보이는 고구려 승려 덕창도 첩자였다. 덕창은 신라에 잠입해 있다가, 고구려로 군사를 요청하러 간 김춘추가 감금되자 김유신이 1만 결사대를 이끌고 고구려를 공격하려 한다는 첩보를 서둘러 자국에 알린 인물이다. 이 사건은 뒤에서 다시 면밀히 검토하겠지만, 고구려와 신라 사이에 치열하게 벌어졌던 첩보전을 잘 보여주는 사건으로 파악된다. 또 당과 내통하여 평양성의 문을 열어 고구려를 멸망으로 이끈 신성처럼 매국노 역할을 한 승려 첩자도 있다.

신라도 승려들을 첩자로 활용했다. 김복순은 백제 무왕 대에 벌인 대대적인 토목공사도 신라 승려들의 첩보전에 따른 결과물이었다고 분석했다. 승려 신분은 아니지만 젊은 날 거칠부는 승려로 위장해서 고구려를 염탐하는 첩자 노릇을 체험하기도 했다.

주목할 점은 첩자로서 승려들은 대개 이름이 밝혀져 있다는 것인데, 이는 이들의 첩자 활동이 성공하고 그 행적이 긍정적인 평가를 받아 기록에 남았기 때문이라고 생각한다. 그러나 동시에 그 반대 경우도 생각해볼 수 있다. 즉 이들의 신분이 탄로났거나 첩보가 실패하여 적국에 체포되었기 때문일 수도 있다. 그러나 무엇보다 승려들은 처음부터 자신의 신분과 이름을 감추지 않고 실명(또는

가명)으로 적국에 침투했기 때문에 그 이름이 자연스럽게 기록에 남았을 것이다. 첩자의 고유한 '익명성'에서 벗어난 예외라고나 할까? 이는 역시 그들의 신분 때문일 것이다.

승려의 첩자 활동은 다른 신분의 첩자에 비해 상대적으로 국익 (國益)을 위한다는 성격이 강해 보인다. 신분적으로 그들은 국가로 부터 존중을 받았고 경제적으로도 별 어려움이 없었기 때문이다. 말하자면 국가나 절대 권력을 가진 왕이 자신들에게 혜택을 베풀 었다는 의식의 한계가 이들을 첩자의 세계로 내몰았던 것이다. 물론 모든 승려가 다 그랬을 리는 만무하다. 어느 경우나 그렇듯 그런 의식의 소유자는 일부에 국한되었고, 용케 그것이 기록에 남겨 졌을 뿐이다. 그리고 고구려가 삼국 중 가장 앞서 이 점을 인식했던 것으로 추측된다.

다만 한 가지 생각해볼 점은 과연 '국익이나 절대 권력자에 대한 충성이 모든 것을 앞서고 모든 것을 초월하는가?' 하는 의문이다. 승려 신성의 경우에서 보다시피 그는 나라를 적국에 팔았기 때문 이다. 사료에는 불행인지 다행인지 이들 승려 첩자들의 고민이나 고뇌는 전혀 나타나지 않기 때문에 이에 대한 해답은 비겁하지만 독자들에게 미룰 수밖에 없겠다.

◉ 고구려의 첩보력과 을지문덕의 심리전이 거둔 승리

598년을 시작으로 약 15년 동안 네 차례에 걸쳐 고구려와 수(隋) 사이에 벌어진 대전쟁은 양국의 운명은 물론 동아시아 국제질서에

수나라 건국 당시의 국제정세도   589년 수가 중국을 재통일함으로써 동아시아 국제정세는 새로운 국면에 접어들었다. 고구려는 국방력 정비 등 만약의 사태에 대비했고, 인근 국가에 대한 첩보 활동도 강화했다.

지대한 영향을 미친 일대 사건이었다. 이 전쟁은 조금 과장하자면, 그로부터 약 1,300년 뒤에 벌어진 세계대전에 비유할 수 있을 만큼 규모도 컸고 치열했다.

강북을 통일한 북주(北周)의 외척이었던 양견(楊堅)은 581년 왕위를 찬탈하고 수를 세웠다. 그리고 589년 마침내 장장 약 400년에 걸친 대분열시대를 마감하고 중국을 완전 통일했다. 수의 중국 통일은 동아시아 국제정세의 일대 지각변동을 의미하는 것이었다. 종래 북방 민족이 세운 정권들과의 다자외교를 통해 동아시아 국제관계에서 가장 큰 지분을 유지했던 고구려에게 수의 출현은 큰 변수이자 위기가 아닐 수 없었다. 다자외교의 큰 틀이 무너진 것이

수 문제 양견과 양제 양광

수는 양대에 걸쳐 네 차례나 고구려를 침공했지만 침중한 타격을 입고 결국은 멸망했다. 이는 세계사에서도 보기 드문 사례였고, 이 과정에서 고구려는 빈틈없는 첩보력을 과시했다. 사진은 고구려를 침공한 수 문제 양견과 그 아들 양제 양광의 초상화다.

다. 고구려는 수와의 관계를 어떻게 설정하느냐 하는 국가 생존 차원의 중차대한 문제에 직면하게 되었다. 그러나 이는 입장을 바꿔놓고 볼 때 백제나 신라에게는 또 다른 기회였다. 고구려의 막강한 군사력에 눌려 운신의 폭이 좁았던 양국은 왜와 함께 중국 정권과 직접 접촉할 수 있는 절호의 기회를 맞이한 셈이었다.

590년 수 문제 양견은 고구려의 입조(외국 사신이 조정의 회의에 참석하는 일)와 복속을 노골적으로 강요하는 국서를 보냈다. 그런데 이 국서에 보면 고구려가 수에 대해 끊임없이 첩보전을 벌여왔음을 추측케 하는 내용이 있다. 수가 고구려에 보낸 국서의 한 대

목이다.

> 무슨 알리고 싶지 않은 음흉한 계획이 있기에 관원을 금지시키고 통제하면서까지 방문과 시찰을 두려워하는가? 또 여러 차례 기병을 보내 변경 사람을 살해하고, 여러 차례 간계를 부려 사악한 말들을 지어냈으니 신하의 마음가짐이 아니었다. (중략) 그런데도 왕(고구려 영양왕)은 그저 믿지 못하는 마음으로 늘 의심만 하여 사람을 보내 소식을 몰래 엿보니 순수한 신하의 의리가 어찌 이와 같을 수 있겠는가!
>
> 『수서』 권81-1815 「동이열전」 '고구려조'

고구려를 훈시하려는 목적에서 보낸 국서이기 때문에 표현에 약간의 과장이 없지는 않을 것이다. 그러나 고구려가 변경을 통제하면서 수나라 관원들의 출입을 단속하고 수시로 수의 동정을 염탐하며 때로는 물리적 충돌까지 일으켰을 뿐 아니라 여러 가지 방법으로 사악한 '사설(邪說)'을 지어낸 것은 어느 정도 사실을 반영하는 말일 것이다. 이는 고구려가 끊임없이 수의 정황을 첩보하고 있었음을 뜻한다. 여기에다 고구려는 수의 진영을 교란시키기 위한 '선전(宣傳, propaganda)' 전술까지 구사한 것으로 보인다. '사설'이란 표현이 바로 그것이다.

중국을 통일한 수의 입장에서 고구려는 동아시아 전체 패권으로 가는 길목을 막고 있는 강적이었다. 하지만 서북의 강력한 세력인 돌궐을 유효적절하게 분열시킨 마당에 수로서는 더 이상 꺼릴 것이 없었다. 위의 국서는 이러한 자신감에서 나온 것으로, 고구려의 굴종을 압박했다. 수는 그 명분으로 수에 대한 고구려의 끊임없는

통제와 첩보를 내세운 것이다.

광개토대왕과 장수왕을 거치면서 남방의 백제, 신라, 왜를 효과적으로 복속시키거나 통제하고 있던 고구려 입장에서 수의 통일은 결코 반가운 일이 아니었다. 수의 압력에 굴복하는 것은 지금까지 고구려가 구축해온 독자적 세력권을 뒤흔드는 것이나 다를 바 없었다. 이에 고구려는 강경노선을 택하여 598년(영양왕 9) 2월 말갈 기병 1만을 지휘해서 영주를 기습하는 선제공격을 단행했다.

마침내 동서 양대 세력이 충돌했다. 6세기 말부터 시작된 고구려와 수의 충돌을, 중화 문명권이 오랫동안 분열되어 있던 중원과 북방 유목 문명권을 통합한 다음 동북의 강력한 고구려 문명권과 충돌한 동아시아 최대 문명전쟁으로 보기도 한다.

고구려의 선제공격을 받은 수 문제는 고구려의 강경의지를 새삼 확인했고, 이에 6월 고구려 정벌을 계획하여 30만에 달하는 군대를 동원했다. 이것이 고구려와 수의 제1차 전쟁이었다. 그러나 수의 30만 대군은 질병과 고구려의 효과적인 공격으로 처참하게 패배했다. 그런데 이때 백제의 위덕왕이 수에 사신을 보내 향도를 자청하는 일이 발생했다. 그것이 9월이었다. 그러나 고구려의 공격으로 힘 한번 제대로 써보지 못하고 패배한 수는 백제의 제안에 반응을 보이지 않았다. 백제의 이러한 움직임을 탐지한 고구려는 바로 백제를 응징했다. 고구려의 응징은 전광석화 같았다. 자칫 백제의 움직임을 방관했다간 백제는 물론 신라와 왜까지 동요할 가능성이 다분했기 때문이다. 이 공격의 여파 때문인지 백제는 그해 위덕왕을 잃었고, 혜왕이 뒤를 이었다. 고구려의 응징은 소기의 목적을 달성했다.

603년(영양왕 14) 고구려가 한강 탈환을 위한 공격을 개시하고,

고구려와 수의 1차 전쟁도 막강한 전력의 수군을 물리친 고구려의 역량 뒤에는 치밀한 첩보망과 첩보력이 있었다. 중원 정권 지배층 내부 깊숙이 고구려의 첩보망이 뻗쳐 있었음을 확인할 수 있기 때문이다.

608년에 신라를 공격하여 우명산성을 함락시킨 것도 수와의 일대 결전을 앞두고 후방을 단속하기 위한 적절한 군사 행동이었다.(이 무렵 고구려의 온달 장군이 전사한 것으로 보인다)

604년, 수 문제가 아들 양광(楊廣)에게 쫓겨나고 양광이 황제 자리에 오르니 이가 바로 폭군의 대명사인 양제(煬帝)였다. 607년 8월, 수 양제는 50만 대군과 군마 10만 필을 거느리고 직접 만리장성 이북을 순시하다 유림(楡林, 내몽고 준격이기准格爾旗 동북 십이련성十二連城) 행궁에서 돌궐(突厥) 계민가한(啓民可汗)을 불러들였다. 이어 양제는 답방의 형식으로 계민가한의 왕정을 방문했는데, 뜻밖에 그곳에 고구려 사신이 와 있다는 사실을 알게 되었다. 고구려와 돌궐의 동맹을 확인하는 순간이었다. 양제는 배구(裴矩)의 건

의를 받아들여 조서를 내려 고구려왕의 입조를 윽박질렀다. 이때 배구는 고구려에 대한 기본 정보를 양제에게 보고한 것으로 보이는데, 이 배구라는 인물에 주목할 필요가 있다.

배구(?~627)는 수 문제 때 시랑 벼슬에 있다가 양제 때는 지금의 간쑤성(甘肅省) 장예(張掖)에서 서역과의 무역을 주관하며 서역 각 지역에 대한 정보를 대량으로 수집하여 『서역도기(西域圖記)』라는 전문적인 첩보 보고서를 편찬한 정보 전문가였다. 그는 서역과 돌궐에 대한 첩자 활동을 통해 탁월한 공을 세워 호부상서로 승진했다. 그는 각 지역의 산천지리, 성씨, 풍토, 복식, 특산물 등을 하나 빠짐없이 조사하여 훌륭한 정보망을 구축했는데, 특히 공개적이고 합법적인 상업 수단을 통해 전면적으로 정보를 수집했다. 그가 『서역도기』를 올리자 양제는 몹시 기뻐하며 그를 궁으로 불러들여 여러 날에 걸쳐 밀담을 나누고 서역 경영에 관한 책임을 맡김으로써 수는 몇 년 안에 서역 땅을 수천 리 개척하고 군대를 주둔시킬 수 있었다.

말하자면 배구는 세계 최초로 공개적이고 합법적인 수단으로 정치·군사·경제·지리·교통·천문 등에 관한 정보를 전면적으로 수집하는 첩자 활동의 역사를 열었던 인물이다. 이러한 배구의 첩자 활동은 당나라에도 계승되었는데, 641년 당 태종이 고구려에 공식 사신으로 보낸 진대덕(陳大德)이 고구려 관리를 매수하여 각지의 산천지세를 염탐한 경우가 대표적인 실례로 꼽힌다.

계민가한의 왕정에서 고구려 사신을 본 양제가 그 대책을 물었을 때 배구가 양제에게 올린 고구려에 관한 내용을 보면 그는 고구려에 대해서도 상당한 정보를 확보하고 있었던 것 같다. 그는 고구려

와 돌궐의 동맹 가능성과 그 위력을 경계하면서 양제에게 이렇게 말했다.(이 사실은 『삼국사기』 권20 「고구려본기」 제8에도 실려 있다.)

고구려는 본래 기자의 봉지로 한·진 시대에 모두 군현으로 있었사온데, 지금 신하로 복속하지 않고 다른 땅이 되어버렸습니다. (하략)

양제는 고구려 사신에게 611년에 탁군(涿郡, 지금의 베이징)으로 갈 테니 고구려 국왕(당시 영양왕)더러 그곳으로 오라고 호통을 쳤다. 611년 양제는 탁군으로 행차했으나 고구려 국왕은 오지 않았다. 양제는 고구려 원정을 결심했다. 사실 양제의 고구려 원정은 벌써 진행 중이었다. 610년에 총동원령을 내려 병력을 탁군에 결집시켰고, 612년 1월까지 총 30여 군 113만 3,800명을 집결시켰다. 식량 등 보급품을 담당한 수레 부대는 그 배에 이르렀다. 612년 정월, 양제는 고구려 공격을 선언하는 조서를 발표하고 1차 원정을 단행했다. 이렇게 해서 7개월에 걸친 고구려와 수의 제2차 전쟁이 시작되었다.

그런데 흥미로운 것은 수 양제가 전쟁을 선포하는 조서의 내용에도 고구려의 첩자 활동과 각종 첩보술을 언급하고 있다는 사실이다. 관련 대목만 잠깐 보자.

중국의 망명자들을 끊임없이 꾀어내고, 변방에 척후(斥候)를 안배하여 (수의) 봉후(烽候, 봉수를 담당하는 군사)를 몹시 수고롭게 하니 (하략)

『수서』 권4-80 「양제기」(하)

이 기록은 『삼국사기』 권20 「고구려본기」 제8 '영양왕' 23년 (612)조에 축약되어 실려 있다. 이 내용으로 보면 고구려는 수의 변경에서 끊임없는 첩자(척후) 활동으로 수의 방어를 괴롭히고, 수에서 건너오는 망명자들을 초빙하거나 선전을 통해 망명을 부추긴 것으로 보인다.

고구려와 수의 제2차 전쟁은 '살수대첩'으로 잘 알려져 있다. 그리고 살수대첩을 이끌어낸 명장 을지문덕의 활약상도 자세하게 소개되어 있는 편이다. 하지만 정작 을지문덕이 어떤 전략과 전술로 수의 30만 별동군을 거의 전멸시키다시피 했는지에 대한 상세한 검토는 드문 편이다. 특히, 첩보전의 각도에서 을지문덕의 행적을 추적해보면 아주 흥미로운 사실들을 발견할 수 있다.

결론부터 말해 이 전쟁은 고구려의 치밀한 작전의 승리이자 을지문덕이란 명장의 심리전과 기만술 등이 크게 작용한 첩보전의 승리이기도 했다. 을지문덕은 고구려와 수의 2차 전쟁에서 최고 수준의 용병술을 유감없이 발휘했다. 이 당시 고구려의 국력이 동아시아는 물론 세계사적으로 최전성기에 올랐음을 이 같은 군사 방면에서도 새삼 확인할 수 있다.

첩자와 그를 활용한 첩보전의 각도에서 볼 때 이 전쟁에서 가장 주목해야 할 인물은 당연히 을지문덕이다. 그리고 지금까지 전혀 조명받지 못했던 또 한 사람, 수나라 상서우승 유사룡(劉士龍)이란 자가 있다. 배구라는 인물에서 보았듯이 당시 수나라의 첩보망과 첩자 활용 수준은 단연 최고 수준이었다. 이런 점을 고려할 때 고구려의 승리는 더욱 값지다. 이제 첩보전과 첩자의 측면에서 이 전쟁을 다시 한 번 살펴보자.

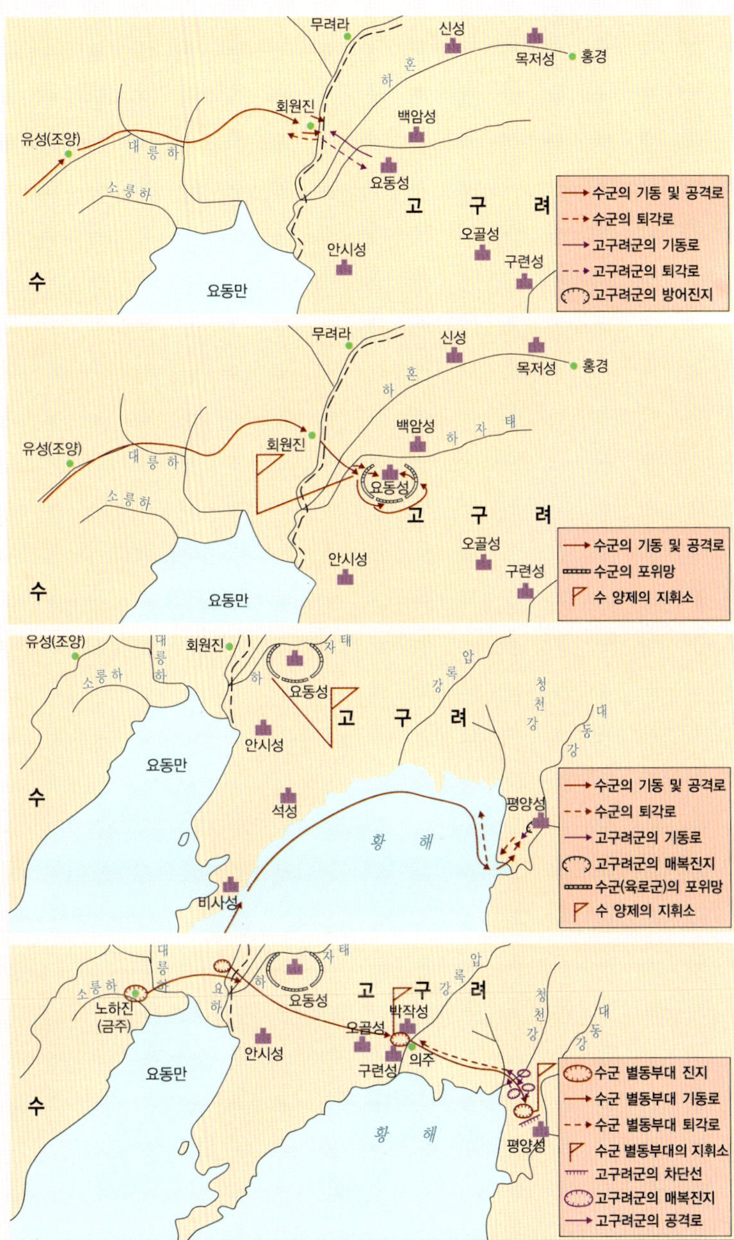

고구려와 수의 2차 전쟁도 '살수대첩'으로 유명한 고구려와 수의 2차 전쟁도. 고구려의 명장 을지문덕의 빛나는 첩보술이 고구려에 승리를 안겨주었다.

이 전쟁에서 무엇보다 중요하고 특별한 점은 을지문덕 그 자신이 직접 첩자 역할을 수행했다는 사실이다. 당시 수의 100만 대군(일설에는 200만)은 초기 전투에서부터 고구려의 완강한 저항과 효과적인 반격 때문에 요동성에서 막혀 한 발도 떼지 못하고 있었다. 이에 수는 30만 별동대를 조직하여 우문술(宇文述)과 우중문(于仲文)에게 지휘를 맡기고 평양으로 곧장 진격하게 한다. 내호아(來護兒)가 이끄는 수나라의 수군이 이미 완패한 상황에서 30만 별동대의 평양 진격도 출발부터 순조롭지 않았다. 가장 큰 문제는 식량이었다. 고구려가 여러 전투에서 성을 단단히 지키면서 적이 우리 땅에서 식량을 얻지 못하게 하는 이른바 '견벽청야(堅壁淸野)'의 전술을 잘 구사했음은 널리 알려진 사실이고, 수 군대는 이것이 두려워 군사 개인에게 100일 분량의 식량을 개인적으로 휴대하게 하는 무리수를 둔 것이다. 식량이 너무 무거웠기 때문에 병사들은 그 무게를 견디지 못하고 가는 도중에 식량을 버렸다. 이 때문에 수군은 심각한 식량난에 봉착하게 되었다.

이런 상황을 보다 확실하게 파악하기 위해 을지문덕은 자신이 직접 적진으로 들어가는 일대 모험을 감행했다. 당시 수 군대의 식량 사정이 심각하다는 것을 어느 정도 파악한 고구려 영양왕은 을지문덕을 수 군영으로 보내는데, 당시 상황을 『삼국사기』는 다음과 같이 전하고 있다.(이하 권20 「고구려본기」 제8 '영양왕' 23년조)

(이때) 우리 왕(영양왕)은 대신 을지문덕을 수의 군영으로 보내 거짓으로 항복하게 하니, 사실은 적의 허실을 정탐하기 위한 것이었다.

을지문덕 수와의 2차전쟁에서 심리전을 절묘하게 구사하여 대승을 이끌어낸 명장이다.

사실 고구려의 이러한 모험은 무모하다고밖에 볼 수 없다. 왜냐하면 수 군영에는 혹시나 고구려왕이나 을지문덕을 만나면 반드시 사로잡으라는 양제의 밀지가 진작 하달된 상태였기 때문이다. 그런데 을지문덕이 제 발로 수의 군영으로 걸어 들어갔으니 이후의 상황은 보지 않아도 뻔하다. 내호아의 수군도 격퇴시키고 수의 대군을 요동성에 묶어둔 고구려가 굳이 이런 무리수를 쓴 까닭은 좀처럼 이해가 되지 않는다. 무슨 곡절이 있는 것일까?

그러나 고구려의 이 전략은 결코 무리수가 아니었다. 이 의문을

푸는 열쇠는 바로 앞에서 언급한 유사룡이란 자가 쥐고 있다. 다시
『삼국사기』의 대목이다.

우중문은 을지문덕을 잡으려 하였다. 그런데 이때 위무사로 와 있
던 상서우승 유사룡이 굳이 말리는 바람에 우중문은 마침내 그의 말
에 따랐다.

우중문은 양제의 명령에 따라 을지문덕을 잡으려 했는데, 군의
사기를 진작시키는 등 장병을 위로하기 위해 파견된 유사룡이 극
구 말렸다는 내용이다. 황제의 밀지까지 떨어졌는데도 유사룡이
을지문덕의 체포를 말린 까닭은 무엇인가? 황제의 명령을 어기면
서까지 을지문덕을 놓아주어야 할 까닭은 또 무엇인가? 여기서 우
리는 유사룡을 의심하지 않을 수 없다. 그는 고구려가 오래 전에
심어놓았던 첩자, 그중에서도 '내간(內間)'일 가능성이 있다. 내간
이란 『손자병법』 「용간」편의 정의에 따르면 "적의 관직에 있는 자
를 이용하는 것"인데, 이는 『손자병법』과 쌍벽을 이루는 병법서
『육도(六韜)』에서 분류한 "적국의 중신과 친분을 맺어 군주의 권위
를 갈라놓는" '분(分)'이나 "적국 군주의 측근들에게 뇌물을 주어
내 쪽으로 끄는" '뇌(賂)'에 해당한다. 모두 첩자 활동을 말한다.
그렇지 않고서야 적장이 제 발로 걸어왔는데 그냥 돌려보낸다는
것은 아무리 항복을 내세웠다 해도 납득이 가지 않기 때문이다. 더
욱이 황제의 밀지까지 하달된 상황에서 말이다.

고구려는 내간 유사룡이란 존재를 믿고 이렇듯 무모한 행동을
단행한 것이다. 다만 당시 유사룡이 어떤 논리로 우중문을 설득했

는지 알 길이 없어 아쉬움이 남는다. 아무튼 고구려는 나름대로 치밀한 속셈이 서 있었고 이 작전은 대성공을 거두었다. 이 여파로 수 군대는 사기가 떨어졌고, 장수들 간에 갈등이 일었다.

막상 을지문덕이 돌아가고 나자 우문술과 우중문은 심기가 편치 못했다.('을지문덕열전'에는 이들이 다시 상의할 일이 있다며 을지문덕을 불렀다고 되어 있다) 우문술은 식량 부족을 이유로 철수를 주장하고 나섰다. 그러나 을지문덕에게 조롱당한 우중문은 을지문덕을 추격하자고 우겼다. 결국 양제로부터 훌륭한 장수라는 칭찬을 들은 바 있는 우중문의 우격다짐이 먹혀들어 수 군대는 압록강을

살수대첩도 수의 30만 대군을 거의 전멸시켜버린 살수대첩의 상상도. 전쟁의 이면에는 적을 알고 나를 알면 백전백승이라는 지피지기의 정신이 살아 숨 쉬고 있었다.

청천강 고구려와 수가 치열한 전투를 벌였던 살수대첩의 현장 모습이다.

건너 돌아간 을지문덕의 뒤를 쫓았다.

을지문덕은 여기서 또 한번 적진을 농락한다. 수의 군사들이 굶주려 있는 상황 등을 이미 파악한 을지문덕은 이들을 더욱 지치게 만들기 위해 하루에만 일곱 번을 싸워 일곱 번 다 패하는 척했다. 여기까지 을지문덕이 구사한 전술은 "병법이란 상대방을 속이는 것"이라는 『손자병법』의 핵심사상을 체현한 것이다. 구체적으로는 "(먼 길을 달려와) 사기가 왕성한 적의 공격은 피하고"(제7「군쟁편」), "비굴하게 보여서 적을 교만하게 만들며", "적을 유인하고 혼란스럽게 만드는"(이상 제1「계편」) 전술을 실천으로 옮겼다.

　계속되는 승리에 도취한 우중문의 군대는 계속해서 공격하자는 여러 사람의 의견에 쫓기어 고구려의 수도 평양성에서 30리 떨어진 곳에다 산을 등지고 군영을 쳤다. 여기서 을지문덕은 또 한번 사람을 보내 수의 군대가 철수하면 항복하겠다는 교란전술을 펼친다. 지칠 대로 지친 병사들의 상태를 감안한 우문술은 이를 받아들여 군대를 철수시키기 시작했고, 미리 대비하고 있던 을지문덕은 수의 군대가 살수를 반쯤 건넜을 때 공격을 가하여 거의 전멸시켜 버렸다. 30만 대군 중 살아 돌아간 자는 2,700명에 지나지 않았다.

　그런데 '을지문덕열전'에 따르면, 수 군대가 평양성 밖 30리 지점에 군영을 설치하자 을지문덕은 거짓으로 항복을 청하기 전에 다음과 같은 시를 보내 우중문 등의 반응을 사전에 떠보는 절묘한 '심리전'까지 구사하고 있다. 을지문덕이 심리전에 동원한 시는 다음과 같았다.

　　그대의 귀신 같은 책략은 하늘의 이치를 다하고
　　기묘한 계책은 땅의 이치마저 꿰뚫었구나.
　　싸움에 승리하여 높은 공을 세웠으니
　　만족하고 그만 멈추는 것이 어떠한가?

　이 시는 '을지문덕열전'과 『수서』 권60-1455 '우중문열전'에 모두 실려 있는 것으로 미루어 사실로 보아야 한다.

　결국 이 전쟁은 사전 준비부터 첩보전을 포함한 전술 전략 등 모든 면에서 이미 승부가 나 있었던 셈이다. 말하자면 "전쟁이 시

작되기 전에 승리할 요소가 많으면 승리할 가능성이 높은 것"(이상 제1「계편」)이라는 『손자병법』의 지적을 정확하게 반영한 전쟁이었다. 을지문덕은 "궁지에 몰린 적은 지나치게 압박하지 않으면서" "나태해지고 쉬고 싶어 하는 적을 공격"(제7「군쟁편」)하고, 여기에 심리전까지 가미하여 철저하게 적진을 교란하는 고등 전술과 전략을 유감없이 구사했다. 수의 별동대는 결국 『손자병법』에서 말한 바와 같이 "군대는 치중(수레)이 따르지 않아 망하고, 양식이 없어 망하고, 비축해둔 물자가 없어서 망한"(제7「군쟁편」) 꼴이 되었다.

전체적으로 보아 고구려와 을지문덕이 구사한 전술은 『손자병법』 제5「세편」의 다음과 같은 대목을 그대로 실천한 것이라 할 수 있다.

> 그러므로 적을 아군의 의도대로 움직이게 만드는 자는 짐짓 아군의 불리한 모습을 적에게 보여주니 적은 이에 따라 움직이게 되고, 얼핏 유리하게 보이는 점을 적에게 내어주니 적은 이를 취하게 된다. 이처럼 이익이 되는 점을 보여줌으로써 적을 움직여, 미리 준비된 병력으로 기습할 기회를 기다리는 것이다.

반면 수나라는 "군주는 분함을 못 이겨 군대를 일으켜서는 안 되고, 장수는 성을 내어 싸움에 빠져들어서는 안 된다"(제12「화공편」)는 『손자병법』의 경고를 제대로 인식하지 못했던 것이다.

고구려와 수의 제2차 전쟁은 그 규모가 가장 컸고 또 가장 중요한 전쟁이었다. 1차 전쟁을 겪으면서 고구려는 철저한 대비책을

강구한 상태였고, 수는 양제 개인의 성격적 결함과 서역에서의 성공 등에 자만하여 결국 대세를 그르치고 말았던 것이다. 사전 준비는 물론 전략과 전술 등 모든 면에서 고구려는 수를 압도했다. 특히 주목할 것은 고구려가 일찍부터 수의 변경에서 활발한 첩자 활동과 첩보전을 벌여왔다는 사실과 수나라 내부 고위 관리를 포섭하여 내간으로 활용했다는 사실이다. 을지문덕이 서슴없이 수 군영으로 들어갈 수 있었던 것은 이러한 첩자 활동과 첩보에 따른 자신감의 표출이었다. 여기에 심리전 활용 등 을지문덕의 능수능란한 용병술이 가미되어 고구려는 완승을 거둘 수 있었다. 을지문덕이 우중문에게 보낸 시에서 말한 '귀신 같은 책략' '기묘한 계책' 은 고스란히 을지문덕에게 돌아가야 할 대목이었던 셈이다.

여기서 한 가지 덧붙일 것은 이 전쟁의 과정에서 백제가 취한 행동이다. 『삼국사기』에 따르면, 백제(무왕)는 고구려와 수가 전쟁을 벌이기 한 해 전인 611년에 수에 사신을 보내 고구려 토벌을 요청했고, 수 양제는 백제에게 고구려의 동정을 엿보게 했다. 그러나 백제는 안으로 은밀히 고구려와 내통하는 등 중립적 태도를 취했다. 이는 1차 전쟁 때 수의 향도를 자청했다가 고구려에게 혼이 난 백제가 교묘하게 줄타기 외교를 한 것으로 이해된다. 즉 일차적으로 수에 사신을 보내 고구려 토벌을 요청하여 수의 자존심을 만족시켜주고, 동시에 고구려에도 사람을 보내 이런 사실을 통보하여 고구려를 안심시킨 것이다. 이는 결과적으로 고구려가 백제에 취해놓은 사전 예방책이 주효했던 것이다.

🏵 고정 침투 간첩, 백석

앞으로 자세히 검토되겠지만 삼국시대에 활약했던 많은 인물들 중 첩자 활용에 관한 한 김유신은 단연 발군이다. 그가 첩자나 첩보전의 고수가 될 수 있었던 데는 여러 가지 원인이 있었을 테지만, 그중에서 먼저 그에게 첩자의 중요성을 인식시킨 사건을 살펴보려 한다. 이 사건을 고구려 부분에서 다루는 까닭은 사건의 주인공은 김유신이었지만 김유신을 자극시킨 인물이 고구려 사람, 구체적으로는 고구려에서 신라로 보낸 '고정 침투 간첩' 백석(白石)이었기 때문이다.

젊은 날 김유신에 관해서는 많은 설화가 전해오는데, 그중 일부가 『삼국사기』와 『삼국유사』에 수록되었다. 『삼국유사』의 기록을 검토해보자.

(유신의) 나이 열여덟 살 되던 임신년(612)에 이르러 검술 공부를 하여 국선(화랑)이 되었다. 이 당시 어디서 왔는지 내력을 알 수 없는 백석(白石)이란 자가 여러 해 동안 화랑의 무리에 섞여 있었다. 유신은 고구려와 백제를 정벌할 계획으로 밤낮 몰두하고 있었는데 백석이 그의 계획을 알고 유신에게 "내가 당신과 함께 먼저 몰래 그 나라들을 정탐한 후에 일을 착수하는 것이 어떻겠습니까?"라고 했다. 유신이 기뻐서 직접 백석을 데리고 밤에 길을 떠났다.

「기이」 제1 '김유신조'

위 기록은 18세에 화랑이 된 김유신이 백석이란 정체불명의 낭

도의 권유를 받고 고구려와 백제를 염탐하러 길을 떠나게 된 과정을 전하고 있는데, 『삼국사기』에는 그가 15세에 화랑이 되었고 17세에 고구려·백제·말갈이 국경을 침범하는 것에 울분을 터뜨리며 이들을 평정하겠다는 뜻을 굳혔다고 되어 있다. 이에 삼국 통일의 대업을 꿈꾸던 김유신은 그 준비의 일환으로 고구려와 백제의 상황을 엿보기 위해 백석이란 자와 길을 떠난 것이다. 『삼국사기』에는 이 무렵 김유신이 중악에 들어가 목욕재계하고 도술을 익힌 것으로 되어 있다.

아무튼 김유신이 화랑이 된 그 무렵 신라의 상황은 고구려와 백제의 공격에다 말갈까지 신라를 위협할 정도로 절박했던 것 같다. 이 때문에 젊은 김유신은 백석의 권유에 별다른 생각 없이 호기만

경주시 서면 단석산 '중악'으로 기록된 이곳 석굴에서 김유신은 고구려, 백제, 말갈을 평정하겠다는 의지를 품고 수련했다. 이 무렵 그는 고구려 첩자 백석과 접촉함으로써 첩자와 첩보에 대해 눈을 뜨게 되었던 것으로 보인다.

을 앞세워 직접 길을 나선 것으로 보인다. 여기서 눈길을 끄는 대목은 내력을 알 수 없는 백석이 몇 해 전부터 화랑에 들어와 낭도로 행세하고 있었다는 것이다.

그다음 이어지는 『삼국유사』의 기록은 다분히 신비한 설화적 색채가 강하여 사실로 믿기는 힘들지만 그 내용을 정리하면 이렇다.

길을 가다 잠시 쉬던 김유신 앞에 세 처녀가 나타난다. 그들은 김유신과 마음을 터놓고 대화를 하던 중 잠시 백석을 따돌리고 숲으로 김유신을 데려간다. 여기서 처녀들은 신선으로 변하더니 자신들을 나라를 지키는 내림, 혈례, 골화 세 군데의 신령이라고 소개한 다음, 적국이 유신을 유인하여 데려가는 것도 모르고 좇아가기에 이렇게 만류하러 따라왔다고 했다.

유신은 놀라 잠시 쓰러졌다 일어나 신령들에게 절을 하고 물러나왔다. 그러고는 백석에게 중요한 문서를 빼놓고 왔다며 다시 집으로 돌아와 백석을 결박한 다음 사실을 털어놓게 했다. 그러자 백석은 자신은 고구려 사람으로, 점쟁이 추남이 나라 일에 대해 점을 쳤다가 왕에게 벌을 받아 죽으면서 다시 태어나면 장군으로 태어나 고구려를 멸망시키겠노라 저주하며 죽었다는 이야기를 들려주었다. 그리고 그날 밤 고구려왕의 꿈에 추남이 신라 서현공(김유신의 아버지) 부인의 품에 들어가는 것을 보고는 추남의 저주를 막기 위해 자신을 신라에 보내 유신을 해치게 한 것이라고 했다.

삼국 통일이라는 대업을 달성한 영웅으로서의 김유신을 부각시키기 위한 설화적 색채가 농후하지만, 이 기사가 전혀 무의미한 것이 아니라면 다음과 같은 합리적 해석이 가능할 것이다.

고구려는 자신들의 치밀한 첩보망을 통해 장차 신라를 이끌 재목

으로 김유신에 주목했다. 그러고는 김유신을 제거하기로 결정하고 그 임무를 첩자 백석에게 맡긴 것이다. 백석은 신라에 잠입하여 화랑의 무리에 섞여 여러 해 동안 낭도들과 어울리며 기회를 기다렸던 것이다. 이는 고구려의 첩자 활동이 단순히 상대의 동정을 살피면서 정보를 수집하는 첩보 차원에 머물지 않고 적국의 요주의 인물을 제거하거나 포섭하는 적극적인 차원으로까지 발전했음을 뜻한다. 이러한 점은 앞서 수나라 내부의 고위 관리를 내간으로 포섭한 것과 같은 맥락으로 이해된다. 정도의 차이는 있겠지만 이와 유사한 첩보망을 백제와 신라도 갖추고 있었을 것이다.

김유신은 백석을 처형하고 음식을 갖추어 세 신령에게 제사를 드리니 신령들이 모두 사람의 모습으로 나타나 제사를 받았다. 훗날 김유신이 보여준 첩자 활용, 특히 기가 막힌 반간계와 비교해서 생각할 때, 백석을 바로 처형한 이 당시의 김유신은 확실히 첩자 활용의 초보였음을 엿볼 수 있다.

이 사건은 우선 고구려의 첩자 활동의 영역과 수준을 잘 보여주는 사건이었다. 그리고 동시에 김유신이 장차 첩자 활용과 첩보전에서 남다른 능력을 발휘하도록 아주 심각한 자극을 준 대단히 의미심장한 사건이기도 했다. 하마터면 고구려로 끌려가거나 도중에 목숨을 잃을 뻔한 위험을 경험한 김유신으로서는 고구려의 첩보망에 대해 숙고하지 않을 수 없었을 테니 말이다. 이런 점에서 볼 때 김유신 제거 실패는 고구려에게 두고두고 큰 아쉬움으로 남았을 것이다. 반면 김유신은 첩자에 대한 인식을 새롭게 하고 깊이 있는 첩자 연구에 몰입했을 법하다. 『삼국사기』에 나오는 노인이 전한 삼국 통일의 비법(秘法) 중에 첩자 활용도 혹 포함되어 있지는 않

았을까? 노인은 비법을 전하면서 "조심해서 함부로 전하지 말라. 만일 의롭지 못한 일에 쓰면 도리어 재앙을 받을 것이다"라고 경고했는데, 영락없는 첩자 활용에 따른 기본 수칙처럼 들린다.

◉ 그물처럼 촘촘한 연개소문의 첩보망

중국 측 기록인 『신당서』와 『자치통감』에 제법 눈길을 끄는 기록이 남아 있다. 두 기록은 내용 면에서 별다른 차이가 없지만 『자치통감』에는 뜻밖에 한 첩자의 이름을 전하고 있다. 먼저 『자치통감』의 기록을 보자. 때는 당이 신라와 함께 고구려를 공격하여 전쟁이 벌어진 시기로 고구려 보장왕 4년인 645년, 장소는 당나라 군영 주변이다.

8월 갑진(8일), 정찰 기병이 막리지(연개소문)의 첩자 고죽리를 잡아서 두 손을 묶어 군문으로 데리고 왔다. 주상(태종 이세민)이 불러 포박을 풀어주게 한 다음 "왜 이렇게 말랐느냐?"라고 물었더니 "몰래 숨어 다니며 첩자 노릇을 하느라 며칠 동안 먹지 못해서 그렇소"라고 대답했다. 주상이 먹을 것을 주게 하고는 "네가 첩자라고 하니 얼른 돌아가 보고하는 것이 마땅하겠지. 막리지에게 지금 내가 하는 말을 전하도록 해라. 군중의 일을 알고 싶으면 사람을 내가 있는 곳으로 보낼 일이지 하필이면 첩자를 보내 수고롭게 하느냐고"라고 했다. 고죽리가 맨발이어서 주상은 짚신을 주어 보냈다.

권 198-6227

위 기사를 구체적으로 검토하기 전에 내친 김에 『신당서』의 기사도 함께 비교해보도록 하자.

정찰 기병이 첩인(諜人, 첩자)을 잡아 오니 황제가 포박을 풀어주게 했다. 그 자가 제 입으로 3일을 굶었다고 하여 먹을 것과 신을 짚신을 주게 했다. 그러고는 "돌아가 막리지에게 군중의 진퇴를 기다린다면 사람을 내가 있는 곳으로 보내도 괜찮다고 전하라"라고 말했다.

권 220-6193

약간의 차이는 있지만 당이 고구려 첩자(고죽리)를 사로잡았고, 당 태종이 직접 심문하여 먹을 것과 신을 것을 주어 돌려보냈다는 요지다. 말하자면 당 태종의 자신감을 과시하는 듯한 기록인데, 고구려 쪽에서 보자면 당의 상황을 염탐하기 위해 적지 않은 첩자를 보낸 것 같다. 이 때문에 당군은 기병을 위주로 한 척후병을 군영 주변에 배치하여 당 진영을 염탐하려는 고구려 군사나 첩자들을 잡았고, 그중 고죽리란 첩자가 사로잡혀 그 이

연개소문
정권 유지 차원에서도 첩보망이 필요했던 연개소문은 결과적으로 자신이 구축해놓은 첩보망으로 고구려의 심장을 찌르고 말았다.

름을 남기게 된 것이다.

이미 살펴본 대로 고구려는 중국 정권의 동태를 끊임없이 예의 주시하면서 활발한 첩자전을 전개해왔다. 수 문제와 양제가 고구려 정벌을 선언하면서 언급한 내용에는 고구려의 첩자 활동이 빠짐없이 지적되고 있고, 당에 와서도 사정은 마찬가지였다. 중국 측 기록에는 고구려가 늘 변경을 엿보고 있다는 기록들이 심심찮게 나오고 있기 때문이다.

특히 쿠데타로 정권을 탈취한 연개소문으로서는 내부 단속과 함께 당과 무력으로 맞서기 위한 독자적인 정보망 구축이 절실했을 것이다.『자치통감』에 고죽리를 명백하게 '고구려 첩자'가 아닌 '막리지 첩자'로 명시하고,『신당서』도 막리지를 언급하고 있는 것으로 보아 고죽리는 연개소문의 첩자 조직의 일원이었음이 분명하다.

연개소문은 첩자를 활용한 정보정치에 능숙했던 듯하다. 위에서 본 고죽리 외에도 김유신의 결사대 소식을 전한 승려 덕창도 연개소문 휘하의 첩자로 추정된다. 여기에 연개소문 집안이 대대로 국가의 주요 기밀을 관장하는 중리(中裏)라는 부서에서 활동한 것도 연개소문의 첩자 활용에 도움이 되었을 것이다. 그 아들들도 모두 중리와 관련된 부서의 책임자가 되어 첩자를 능숙하게 활용한 듯하다. 나중에 살펴보겠지만 이들은 자신들이 운영하는 첩보망에 스스로 발목이 잡혀 분열되고 결국 나라를 멸망으로 이끌게 된다.

연개소문의 첩보망은 그가 죽은 뒤에도 여전히 위력을 발휘할 정도로 대단했던 것 같다. 연개소문은 665년에 죽고 맏아들 남생

이 막리지가 되어 권력을 승계하지만 아들들 사이에 내분은 진작 표면에 떠오른 뒤였다. 남생의 동생 남건과 남산이 손을 맞잡고 쿠데타를 일으켜 형 남생을 내쫓자 남생은 당으로 망명했고, 남건이 막리지가 되었다. 이어 연개소문의 동생 연정토가 신라에 투항했다. 이때는 고구려와 당의 전쟁이 막바지에 접어들었는데, 이듬해인 667년에는 신라의 문무왕과 김유신이 군을 거느리고 평양으로 출발했다. 그런데 이 해 고구려를 공격하던 당나라 군대에 미묘한 기류가 흐르고 있었다. 『삼국사기』의 기록이다.

> (당나라) 이적(李勣)이 별장 풍사본(馮師本)을 시켜 양곡과 무기를 싣고 갖다 주게 했다. 그러나 풍사본의 선박이 부서지고 때를 놓쳐 곽대봉(郭待封)의 군대는 굶주림으로 곤경에 처했다. 이에 이적에게 글을 보내려 했으나 남(고구려)이 그 허실을 알까 두려워 '이합시(離合詩)'를 지어 보냈다.
>
> 권22 「고구려본기」 제10 '보장왕' 26년조

고구려를 공격하던 당군에 식량 사정이 생기자 당의 장수 이적이 식량을 보내주었으나 이 역시 고구려의 공격으로 무산되고 곽대봉의 군대가 굶주리는 힘든 상황에 처했다는 내용이다. 이에 다시 식량을 요청하는 글을 보내려 했으나 고구려가 이를 눈치 챌까 겁이 나 '이합시'를 지어 보내기에 이른다. 이때 '이합시'란 말 그대로 떼었다 붙이는 시로 글자의 획을 떼어서 글을 지어 그 의미를 감추는 것을 말하는데 나중에 자획을 합쳐보면 원래 뜻이 드러난다. 첩보술에서 말하는 '밀마(密碼)', 즉 암호의 일종으로 '음서(陰

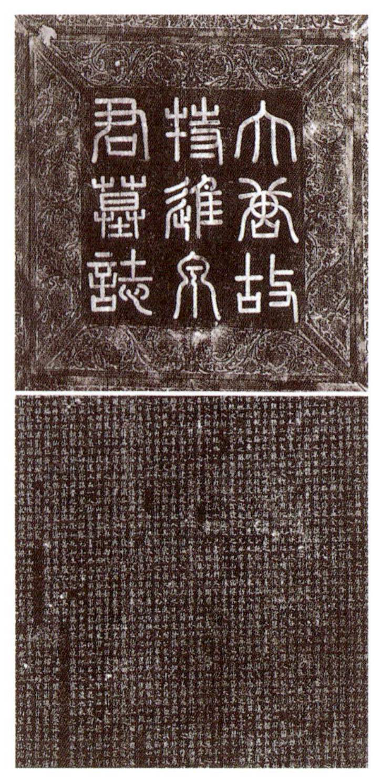

남생묘지명 탁본
고구려의 멸망은 내분과 그를 이용한 당의 첩보전
이 주효했기 때문이었다. 연개소문의 아들들은 서
로의 첩보 조직을 가동하여 적이 아닌 서로를 감시
했고, 이는 결국 당에 역이용당하는 빌미가 되었다.
사진은 연개소문을 이어 권력을 계승했으나 정쟁에
패해 당으로 망명한 남생의 묘지명이다.

書)'라고도 한다. 구체적인 사례를 하나 들어 그 방법을 좀 더 분명
하게 밝혀보겠다. 이 사례는 중국 명나라 때의 것인데, 식량 부족
때문에 빨리 식량을 보내달라는 내용의 이합문이다. 먼저 그 원래
내용을 보면 이렇다.

今昧方之陣中, 糧食當絕, 早與諸將相議, 急需運送, 此事必勿急攻.

이 글을 그대로 전달했다가는 적에게 붙잡힐 경우 기밀이 탄로
난다. 그래서 이 글을 아래와 같이 세 부분으로 나누어 각각 한 부

분씩 세 사람에게 나누어 보내는 것이다. 이럴 경우 두 사람만 제대로 전달하면 완전한 뜻은 아니지만 중요한 의미는 다 파악할 수 있게 된다. 이를 시의 형태로 전달하면 이합시가 되고, 문장의 형태로 전달하면 이합문이 되는 것이다.

今 昧　　　方 之 陣　　　中 糧
食 當　　　絶 早 與　　　諸 將
相 議　　　　急 需　　　運 送 此
事 必 勿　　　急 攻

이합시에 대해 사전 지식이 없었던 이적은 지금 때가 어느 때인데 한가하게 이따위 시로 장난을 치냐며 곽대봉의 목을 베겠다고 성을 냈다. 그런데 서기급에 해당하는 원만경(元萬頃)이란 자가 이를 알아채고는 뜻을 풀이하여 알려주니 다시 식량을 보냈다는 것이다.

위 기사는 연개소문이 죽고 고구려 지도층 내부에 심각한 분열이 일어났음에도 불구하고 고구려 또는 연개소문의 첩보망이 여전히 강력하게 작용하고 있었음을 잘 보여준다. 곽대봉은 고구려의 촘촘한 첩보망을 잘 알고 있었기 때문에 이합시를 통해 자신의 곤경을 알린 것이다.

그런데 여기서 또 하나 흥미를 끄는 대목은 이합시를 해독한 원만경이란 자다. 원만경은 『신당서』(권201-5743)에 열전이 남아 있어 그 행적을 다소나마 확인할 수 있다. 이에 따르면 원만경은 하남 낙양 사람으로 문장력이 뛰어나 고종(高宗) 때 저작랑을 지냈

고, 훗날 무측천(武則天) 때는 조정의 의심스러운 일이나 은밀한 일이 있으면 그가 나서서 결정하는 등 고문 역할까지 하면서 봉각시랑까지 올랐으나 혹리의 모함으로 영남으로 유배되었다가 죽었다.

그런데 『신당서』에는 그가 이적을 따라 고구려 원정에 참여한 사실이 기록되어 있다. 사실 『삼국사기』의 기록은 『신당서』의 기록을 옮긴 것인데 그 내용이 조금씩 다르다. 아무튼 『신당서』에 따르면 원만경이 문제의 이합시를 지어 이적에게 보낸 것으로 되어 있고, 이것이 이적을 화나게 하자 역시 그가 해명하는 글을 올린 것으로 나온다. 그리고 이보다 더 중요한 사실은 그가 고구려를 정벌하는 격문을 지었는데, 그 내용 중에 고구려가 험준한 압록강을 지키지 못한 것을 비꼬는 내용이 있었다. 그런데 고구려는 원만경의 격문을 예의 자신들의 첩보망 내지 첩자를 통해 입수하여 이에 대비한 것 같다. 이 격문을 본 막리지(남건)가 잘 알았다며 압록강 나루터를 막아 지키는 바람에 당나라 군대가 강을 건너지 못하는 사태가 발생했다. 이 때문에 화가 난 고종은 원만경을 귀양 보내버렸다.

원만경이 무측천 때 조정의 의심스러운 일이나 비밀스러운 일을 결정하는 데 참여했다는 것으로 보아, 그가 첩보와 관련한 일을 하면서 비유 등을 이용한 암호풀이나 수수께끼를 즐긴 인물로 보인다. 또 그가 이합시를 지은 것을 보면 첩자와 첩보술에 대해서도 상당한 흥미 내지 지식을 가졌던 것 같다.

『삼국유사』에도 나·당 연합군이 고구려를 공격할 무렵 합류할 시기를 묻는 김유신에게 당의 장수 소정방은 답장에다 글이 아닌 '난새와 송아지'를 그려 보냈다는 흥미로운 기록이 있다.(「기이」

제1 '태종 춘추공') 이 역시 그림이나 부호를 이용한 암호의 일종으로 첩보술에 해당한다. 당시 신라에서는 이 암호편지를 풀지 못해 원효 대사에게 물어 풀었다고 한다. 고구려와 당 사이에 벌어졌던 치열한 첩보전의 한 단면을 보여주는 흥미로운 사례다.

◉ 첩보술로 흥한 자, 첩보술로 망하다

첩자의 활동과 첩보 대상이 외부의 적이 아닌 내부를 향할 때, 그 집단이나 국가는 십중팔구 분열 상태에 있다고 보아도 무방하다. 665년 연개소문이 죽자 고구려 통치집단은 빠른 속도로 분열되는 양상을 보였다. 앞서 언급한 대로 연개소문의 후계자인 남생 형제들이 반목과 갈등으로 갈렸고, 남생은 동생들에게 밀려 당으로 망명해버린다. 이는 힘겹게 버티고 있던 고구려의 뒤통수를 치는 치명적인 일격이었다. 그런데 형제들의 갈등과 분열 과정을 가만히 들여다보면 상호 감시와 첩보가 치열하게 전개되었음을 확인할 수 있다.

먼저 이 일련의 과정을 좀 더 쉽고 효과적으로 이해하기 위해 연개소문의 죽음을 전후로 한 삼국과 당의 동향을 고구려 중심으로 간단한 연표를 통해 숙지해두자.

연표에서 보다시피 연개소문 아들 간의 권력투쟁은 665년 무렵 연개소문이 죽자 바로 시작되어 내분이 가속화되었고 결국 2년여 만에 멸망한 것이다.(연개소문이 죽은 연도에 대해서는 665년을 비롯한 몇 가지 설이 있는데, 남생의 묘지명에 따른 665년 설에 동조하는

연도	주요 사건	참고
642년	연개소문, 쿠데타로 정권을 장악함	김춘추, 고구려에 군사를 요청하기 위해 고구려에 들어옴
645년	고구려·당 1차 전쟁 개시, 안시성에서 당이 패하여 물러감	신라가 당을 도움
646년	고구려, 천리장성 완성	
647년	고구려, 당의 이세적 군대를 대파함	신라, 비담의 난 발생
648년	고구려, 당의 수군을 격파함	김춘추, 입당하여 백제 협공을 요청함
649년	당 태종, 고구려 침공을 준비하다 죽음	백제와 신라가 석토성 전투를 벌임
655년	고구려, 백제 말갈과 함께 신라를 맹공하여 33개 성을 빼앗음	1년 전(654) 김춘추가 왕위에 오름
658년	고구려, 당의 설인귀 군대와 요동에서 전투	
660년	당과 신라, 백제를 멸망시킴	고구려, 신라 칠중성 공격
661년	고구려, 압록강에서 당군과 격전을 벌임	김춘추 죽음
662년	연개소문, 사수에서 당군을 격파. 소정방, 평양 포위를 풀고 철수함	백제 부흥군 와해
663년	나당 연합군, 백강 전투에서 백제·일본 연합군을 대파. 부여풍(풍왕)은 고구려로 탈출	백제 부흥운동이 실패로 돌아감
665년	연개소문 사망. 아들들 간에 권력 다툼이 벌어져 맏아들 남생이 밀려나 당으로 망명함. 당, 이적으로 하여금 고구려 공격	연개소문의 동생 연정토, 신라에 투항함. 남생, 당의 고구려 침공에 향도를 자청함
667년	신라 문무왕과 김유신, 고구려 정벌에 나섬	고구려, 내분으로 와해됨
668년	고구려 멸망. 보장왕과 남산은 당으로 끌려감	당, 평양에 안동도호부 설치

사람들이 많다) 당은 645년 1차 전쟁에서 고구려에 대패하는 곤욕을 치른다. 당은 태종 이세민이 죽으면서 고구려를 공격하지 말라는 유언까지 남길 정도로 패배의 후유증에 시달렸다. 그러나 당 태종은 죽기 직전까지 고구려 정벌을 준비하고 있었던 것으로 보아 꿈을 완전히 버리지는 않았던 것 같다.

한편 당은 고구려와 몇 차례 싸우면서 전략과 전술을 수정했다. 전면전을 피하고 국지전으로 고구려의 전력을 끊임없이 삭감했고, 고구려와 동맹관계에 있던 상대적으로 약한 백제를 먼저 공략하는 쪽으로 방향을 선회했다. 물론 여기에는 신라의 대당외교도 한몫을 했다. 신라는 고구려와 백제, 여기에 말갈까지 가세한 공격에 수세를 면치 못하고 있었기 때문에 당과의 연합은 사활이 걸린 중대사였다. 642년 김춘추의 고구려행은 어중간한 입장을 취하고 있던 당을 압박하기 위한 모험성 외교였으나 결과는 '나·당 동맹'의 성사로 이어졌다. 이어 김춘추는 648년 아들과 함께 입당하여 나·당 동맹을 확고히 했고, 돌아와 대대적인 정치 개혁과 함께 중국화에 박차를 가했다. 이 일련의 과정은 대당 외교의 총결산이었다.

당은 이와 함께 고구려에 대한 첩보전을 강화한 것 같다. 이제 살펴보겠지만 고구려 지배층 내부의 분열에 당이 깊숙이 개입한 정황이 포착되기 때문이다. 수·당의 첩자 활용과 첩보 능력은 그 당시로서는 타의 추종을 불허할 정도로 막강했다. 그러나 전면전으로는 고구려를 쉽게 무너뜨릴 수 없다는 사실을 경험으로 터득한 당은 국지전과 첩보전 그리고 신라와의 연합전선 구축으로 고구려와 백제를 압박하는 쪽으로 전술과 전략을 수정했다. 이것이

결실을 보아 660년 마침내 백제를 쓰러뜨렸다.

　이런 상황에서 연개소문의 죽음이 상황의 전개를 가속화시켰다. 강력한 카리스마로 고구려의 정치와 대외투쟁을 주도하던 연개소문이 죽자 고구려 지배층은 거의 공황 상태에 빠졌다. 계속된 국지전으로 상당한 내상을 입은 고구려가 지도력마저 상실한 것이다. 여기에 아들들의 권력투쟁이 타오르는 불에 기름을 붓는 역할을 했다. 먼저 이들의 권력투쟁 과정을 『삼국사기』를 통해 살펴보자.

　(보장왕) 25년(666) 개소문이 죽고 맏아들 남생이 막리지가 되었다. 처음 국정을 맡고 여러 성을 순시할 즈음 아우 남건과 남산에게 뒷일을 맡겼다. (이때) 어떤 자가 두 아우에게 "남생은 두 아우가 (자리를) 빼앗을까 두려워 제거하려 하니 먼저 손을 쓰는 것이 낫겠다"고 했다. 두 아우는 처음에는 믿지 않았다.

　또 남생에게도 어떤 자가 이르길 "두 아우는 형이 돌아와 정권을 빼앗을까 두려워 형을 막고 들어오지 못하게 하려 한다"고 했다. 남생이 은밀히 친한 자를 평양에 보내 엿보게 했으나 두 아우가 그 자를 붙잡아 두고 왕명으로 남생을 불러들였으나 남생이 감히 되돌아오지 못했다. 이에 남건이 막리지가 되어 군사를 발동하니 남생이 달아나 국내성을 거점으로 삼고 그 아들 헌성을 당에 보내 구원을 청했다.

권22 「고구려본기」 제10 '보장왕' 25년조

　위 기사에서 눈길을 끄는 것은, 남건과 남산을 교란시킨 '어떤 자'와 남생을 혼란에 빠뜨린 '어떤 자', 그리고 남생이 동생들의 동정을 엿보기 위해 보낸 '친한 자'다.(『일본서기』에서는 남건·남산

과 남생을 이간질한 '어떤 자'가 '측근 사대부'로 나온다) 남생이 동생들을 염탐하기 위해 보낸 자는 '연개소문열전'에는 아예 '첩자'로 표현되어 있어, 앞서 말한 대로 국가 기밀을 담당한 중리라는 부서의 책임을 맡은 남생의 첩보 조직의 일원임이 확실해 보인다. 문제는 남생과 남건·남산 쪽의 '어떤 자'인데, 이들을 고구려 내부의 이해관계를 달리하는 당파로 보는 시각이 있다. 물론 이런 추정도 가능하겠지만, 기사의 전체적인 내용이나 분위기로 보아 위 기사는 형제들을 이간시키기 위한 공작의 냄새가 짙다. 따라서 '어떤 자'들은 당과 모종의 관계를 가진 '내간'일 가능성을 배제할 수 없다. 특히 훗날 남건이 평양성 방어 책임자로 임명한 승려 신성이 당으로 망명한 남생은 물론 당과도 내통한 사실을 놓고 볼 때, 이 '어떤 자'들이 당과 모종의 관계를 가진 내간의 역할을 했을 가능성은 충분하다고 볼 수 있다. 말하자면 골수 '친당파'라고나 할까? 신성에 관한 『구당서』와 『신당서』의 기록이다.

총장 원년(668) 9월, 이적(李勣)이 평양성 남쪽으로 군영을 옮겼다. 남건이 수시로 병사를 보내 싸우게 했으나 모두 대패했다. 남건의 수하인 착병총관 승려 신성이 몰래 사람을 군중으로 보내 성문을 열고 내응하겠다고 했다. 그로부터 5일 뒤 신성은 정말 성문을 열었다.

권199상 – 5327

대장인 승려 신성이 첩자를 보내 내응을 약속하고 5일 뒤 성문을 열었다.

권220 – 6197

한편 중국 측 기록을 축약한 『삼국사기』 「고구려본기」에는 이렇게 기록되어 있다.

남건은 군사를 승려 신성에게 맡겼는데, 신성이 소장 오사, 요묘 등과 짜고 몰래 사람을 이적에게 보내 내응하길 청했다. 그로부터 5일 뒤 신성이 성문을 열자 이적이 군사를 풀어 성에 올라 북을 치고 고함을 지르며 성에 불을 질렀다. 남건은 자살하려다 뜻을 이루지 못했다. 왕과 남건 등을 포로로 잡았다.

'보장왕' 27년(668)조

연개소문의 자식들은 이렇게 정권을 놓고 자신들의 첩보망을 총동원하여 서로를 염탐하면서 반목했다. 여기에 당의 이간책이 주효하여 남생은 당으로 망명하고, 얼마 뒤 당의 고구려 정벌 때는 스스로 향도를 자청하여 고구려를 멸망시키러 달려온다. 향도가 첩자의 다른 이름임을 상기해볼 때 남생은 스스로 적국의 첩자가 되어 조국을 공격한 셈이다.

고구려 지도층의 내분을 확인한 당은 1년이 넘는 준비 끝에 마침내 고구려 공격에 나섰고 고구려는 백제와 마찬가지로 어이없게 주저앉았다. 668년 당이 한창 고구려를 공격하고 있을 무렵 당 고종은 마침 전선에서 돌아온 가언충(賈言忠)에게 전황을 묻자 가언충은 다음과 같이 답했다.

반드시 이깁니다. 지난 날 선주(당 태종)께서 죄를 물으려다 뜻을 이루지 못한 것은 적에게 흠이 없었기 때문입니다. 속담에 '군은 중

매자(적과 내통하는 자)가 없으면 도중에라도 돌아온다'는 말이 있습니다. 지금 남생 형제가 서로 싸워 우리 향도가 고구려의 정황을 샅샅이 알 수 있고, 장수는 충성하고 병사들은 있는 힘을 다하니 신은 틀림없이 이긴다고 봅니다.

'보장왕' 27년(668)조

틈이 없던 고구려에 틈이 생겼으니 그것은 바로 내부 분열이었다. 거기에 앞잡이까지 생겨 고구려 내부 상황을 훤히 파악하고 있는 상황이므로 승리는 확실하다는 요지다.

『일본서기』에 의하면 연개소문은 죽으면서 자식들에게 화합하라는 유언을 남겼다고 기록되어 있다. 연개소문은 자식들의 불화를 이미 예견하고 특별히 이런 당부를 남긴 듯하다. 그러나 내분은 어느 날 갑자기 생기는 것이 아니다. 오랜 시간을 거치면서 쌓인 갈등이 어떤 계기를 맞아 폭발하는 법이다.

역사적으로 볼 때 장성의 문은 밖에서 열린 적이 거의 없었다. 모두 안에서 누군가 문을 열어주었을 뿐이다. 고구려의 멸망에는 여러 가지 원인이 있었겠지만 지배층 내부 분열이 결정적인 작용을 했다. 이들은 모두 자신들의 권력 기반을 지키기 위한 첩보망을 가지고 있었다. 연개소문 생전에는 이런 첩보망의 상당 부분이 당과 외부를 향해 작동하고 있었다. 연개소문이 죽은 뒤에도 고구려의 첩보망이 얼마나 위력적이었는지는 살펴본 대로다. 그러나 내부가 소란스러워지면서 이 첩보망은 밖이 아닌 안으로 집중 작동하여 서로를 죽이고 내쫓는 결과를 낳았다. 심지어 남생은 당의 앞잡이가 되어 조국을 공격했다. 이는 연개소문 사후 이들의 첩보망

이 오로지 권력 유지를 위한 도구로만 작동되었음을 의미한다. 지배층 스스로 자신들의 첩보망에 걸려들어 최후를 기다린 꼴이었다. 그들의 첩보망은 죽음의 거미줄이었고 나라를 멸망으로 이끄는 치명적인 독약으로 작용하고 말았다.

아무리 치밀한 첩보망과 아무리 우수한 첩자를 보유했더라도 그것이 적을 찾아 움직이지 않고 내부를 겨냥할 때, 그 종착점은 권력자의 몰락은 물론 조직의 붕괴 나아가서는 국가의 몰락으로 귀착된다. 이럴 경우 첩자의 성격도 변질될 수밖에 없다. 첩자는 늘 지배되고 종속되는 존재이자 개념이었기 때문이다. 요컨대 첩자를 움직이는 건강한 통제력을 갖춘 기제(機制)가 변질되거나 붕괴되었을 때 첩자는 역사에 역기능으로 작용할 수밖에 없는 것이다. 고구려의 멸망에서 우리는 이 점을 착잡한 심정으로 확인하게 된다.

삼국 통일의 밑거름이 된 첩자

고구려 다음으로 첩자에 관한 기록을 많이 남기고 있는 나라는 신라다. 신라 역시 지리적 위치 때문에 첩자 활동의 대상은 주로 고구려·백제 그리고 가야와 왜였다.

신라와 관련된 가장 빠른 기록은 가야의 대신라 첩보를 추정하게 하는 내용으로 「신라본기」 '지마이사금' 4년(115)조에 보인다. 또 왜의 대신라 첩보를 추정케 하는 기록도 비교적 빨라서 같은 '지마이사금' 11년(122)에 보인다. 이에 대해서는 주변국의 첩자 활동 쪽에서 다시 검토하기로 하겠다.

이 기록들은 역으로 신라 또한 상당히 일찍부터 첩보망을 갖고 첩자 활동을 벌였을 가능성을 보여주는 것이다. 먼저 『삼국사기』 기록을 살펴보자.

> 5월, 왜병이 쳐들어온다는 말을 듣고 배를 수리하고 갑옷과 병기를 수선하였다.
>
> 권2 「신라본기」 제2 '유례이사금' 6년(289)조

사료에는 그저 간단하게 '듣고(聞)'로 표현되어 있지만 정황으로 봐서는 첩보에 따른 조치로 봐야 할 것이다. 실제로 유례이사금 9년에 왜병이 대거 신라를 공격한 것을 보아도 이렇게 추정해야

합리적이다.

『삼국사기』「신라본기」를 보면 초기부터 왜의 침공이 상당히 많이 등장한다. 신라는 왜의 공격에 꽤 시달렸고 이에 대한 대비책을 일찍부터 마련했다고 보아야 한다. 위 사료는 그런 사실을 간접적으로 입증하고 있다. 왜에 대한 신라의 확실한 첩보 기록은 『일본서기』에서 찾을 수 있는데, '추고천왕' 9년(601)조에 보면 신라 간첩 가마다가 대마도(對馬島)에 도착했으나 즉시 체포당해 상야(桑野)로 유배되었다고 한다. 대마도에 신라의 첩보망이 작동하고 있었음을 알 수 있다. 『일본서기』의 외국 첩자에 관한 기록은 이것이 유일한데, 당시 신라와 일본의 관계는 한 해 전인 600년에 일본이 만 명이 넘는 대군으로 신라를 공격했고, 이 해에도 신라 공격을 위한 조정회의가 열리는 등 악화일로를 걷고 있었기 때문에 신라가 일본의 상황을 염탐하기 위해 첩자를 보낸 것은 어찌 보면 당연한 조치였다. 또 일본은 일본대로 대비책을 세우고 있었던 것으로 보인다.

가야에 대한 신라의 첩자 활동을 짐작케 하는 기록도 『일본서기』('흠명' 5년 544년조)에 언급되어 있는데, "만약 탁순국의 왕이 신라와 내통하여 적을 불러들이지 않았다면 어찌 멸망에 이르렀겠습니까? (가야) 여러 나라들이 패망한 화근을 살펴보면 모두 두 마음을 품은 자들의 내통 때문입니다"라고 되어 있다. 가야의 멸망이 신라가 심어놓은 내간들 때문이라는 요지다.

사실 한 나라가 멸망할 시점에 흔히 나타나는 내분에 따른 앞잡이들을 첩자로 분류할 수 있는가 하는 문제가 제기될 수 있다. 첩자와 직접 연관지을 만한 명백한 표현이 없는 한 문제가 될 수 있

다는 말이다. 그러나 가만히 생각해보면 한 국가의 멸망은 한순간에 이루어지는 것이 아니다. 오랫동안 모순과 갈등이 쌓인 결과이고 특히 고대사회에서 지배층의 분열은 치명적이었다. 이 역시 각종 모순과 갈등이 쌓여 폭발한 결과인데, 여기에는 적국에 의한 주도면밀한 첩보전이 작용하는 경우가 많았다. 이미 살펴본 고구려의 경우가 대표적이었다. 따라서 가야의 멸망에도 첩자의 그림자가 상당히 드리워져 있었다고 해서 크게 벗어난 주장은 아닐 것이다. 아이러니한 것은 이렇게 망한 가야에서 귀화한 가야 왕족 출신인 김유신이 신라에서 첩보전의 귀재가 되어 삼국을 통합하는 데 결정적인 역할을 했다는 사실이다.

◎ 사간의 또 다른 전형, 신념의 화신 박제상

삼국시대 첩자 활동에 관한 학계 최초의 논문은 일본 사람 나오키 고지로(直木孝次郎)의 「고대 조선의 간첩에 대하여」(1979)라는 논문이다. 그는 이 논문에서 삼국시대 첩자와 관련된 주요 기록들을 개괄적으로 검토하면서, 일본에 비해 한결 역동적으로 움직였던 삼국 첩자들의 활약상을 스케치하듯 서술했다. 김유신의 첩자 활용에도 주목했고, 승려들의 첩자 활동이 갖는 의미에 대해서도 언급했다.

그런데 이 선구적인 논문에 정작 전형적인 첩자의 모습을 가장 많이 간직하고 있는 박제상은 빠져 있다. 이는 박제상을 첩자로 인정하지 않았기 때문일 것이다. 일반인들에게도 박제상은 인질로

잡혀간 왕의 동생들을 구하고 장렬하게 죽어간 영웅의 이미지가 강하게 박혀 있기 때문에 그를 첩자라고 하면 오히려 거부감을 나타낼 것이다. 하지만 박제상의 행위는 어느 모로 보나 첩자의 그것과 같다. 특히 그의 신념은 첩자가 되려는 몇 가지 동기 중 가장 능동적이고 강력한 동기로 작용하고 있다. 이제 박제상과 관련된 기록들을 놓고 첩자라는 각도에서 박제상이란 인물을 재조명해보자.

박제상 영웅의 이미지가 강한 박제상의 행적도 사실은 첩자의 범주에 넣을 수 있다.

박제상의 활동과 죽음을 공유한 시간은 눌지왕이 즉위한 이듬해인 418년 단 한 해에 한정되어 있다. 그리고 그의 첩자 활동 이면에는 신라 왕실의 갈등이 깔려 있다.

18대 눌지왕은 실성왕을 죽이고 즉위했다. 그런데 17대 실성왕은 왕위 계승권을 가진 16대 내물왕의 아들들인 눌지와 미사흔 그리고 복호를 제쳐두고 국인(國人, 여론 주도층)의 추대에 의해 왕이 되었다. 이유는 내물왕의 아들들이 어리다는 것이었다. 하지만 이는 납득하기 어렵다. 아마 모종의 정쟁이 개입하여 내물왕의 아들들을 배제하고 실성이 왕위에 올랐을 가능성이 커 보인다. 실성은 392년 내물왕에 의해 고구려에 인질로 보내졌고, 그가 10년 만에 인질에서 풀려나 돌아온 그 이듬해인 402년에 내물왕이 죽은 것으로 보아 어쩌면 실성의 즉위에 고구려가 개입했을 개연성이 있다.

그 당시 고구려는 광개토대왕 시대로 신라는 고구려의 군사 보호 아래에 있었기 때문이다. 실성은 즉위하자마자 내물왕의 아들 가운데 미사흔을 왜국에 볼모로 보냈고, 즉위 11년째인 412년에는 복호를 고구려에 인질로 보냈다. 『삼국사기』에 따르면 이는 자신을 고구려에 볼모로 보낸 내물왕에 대한 보복 조치였다고 한다. 특히 눌지에 대해서는 고구려 사람을 시켜 죽여달라고 사주할 정도였다. 그러나 고구려가 눌지의 인물됨에 반하여 실성의 음모를 알려주었다. 이에 눌지는 실성을 죽이고 417년 왕으로 즉위한 것이다. 『삼국유사』에는 눌지를 죽이러 온 고구려 군대가 오히려 실성을 죽이고 눌지를 왕으로 앉힌 것으로 나온다.

아무튼 내물(16대) - 실성(17대) - 눌지(18대)로 이어지는 4세기 말~5세기 초의 신라의 정세는 대단히 불안정했던 것만은 틀림없다. 고구려의 강력한 입김에다 왜와의 관계에서도 열세를 면치 못했던 것 같다. 사실 실성이 미사흔을 왜국에 인질로 보낸 것도 왜와의 통교를 위한 담보의 성격이 강했다.

실성을 죽이고 즉위한 눌지는 고구려와 일본에 인질로 가 있는 동생들을 귀국시키기 위해 애를 썼다. 그 결과 즉위 이듬해인 418년 두 동생들이 잇따라 고국으로 돌아오게 되었다. 『삼국사기』「신라본기」는 이 사건을 아주 짤막하게 기록하고 있다.

2년(418) 정월에 동생 복호가 고구려에서 내마 제상과 함께 돌아왔다. 가을에 왕의 동생 미사흔이 왜국에서 도망쳐 돌아왔다.

복호의 귀국에 박제상이 개입되어 있음은 위 기록으로 알 수 있

지만, 미사흔의 귀국에는 별 다른 언급이 없다. 따라서 이들의 귀국을 둘러싼 박제상의 행적은 그의 열전 기록과 『삼국유사』에 의존할 수밖에 없다. 우선 고구려에 인질로 갔던 복호의 귀국은 별 다른 어려움이 없었을 것으로 추측할 수 있다. 왜냐하면 눌지 자신이 고구려의 호의 내지 군사력에 힘입어 위기에서 벗어나고 왕위에 올랐던 만큼 동생의 귀국도 순조로웠을 것이기 때문이다. 이는 '박제상열전'의 기록으로도 충분히 입증된다. 실제로 박제상은 고구려 장수왕에게 정식으로 예를 갖추어 복호의 귀국을 요청했고, 장수왕도 이를 선뜻 허락한 것으로 보인다. 이렇게 해서 먼저 복호가 418년 정월에 귀국했다.

그러나 『삼국사기』와 『삼국유사』는 다 같이 박제상의 행적을 비교적 상세히 기록하고 있으면서도 내용은 물론 인명과 연대에서 차이를 보인다. 『삼국유사』에서는 복호를 보해, 미사흔을 미해라 했다. 또 『삼국유사』에는 복호가 고구려에 볼모로 간 것은 실성왕 때가 아닌 눌지왕 3년이고 가서 돌아오지 못한 채 억류되어 있다가 간신히 탈출한 것으로 나오며, 미사흔이 왜국에서 귀국한 연도도 실성왕 10년으로 나온다. 필자는 두 사서의 내용은 고루 취하되 연대와 인명은 본기와 열전 기록의 조리가 분명한 『삼국사기』를 따른다.

그럼 여기서 박제상이 눌지왕의 두 동생을 본국으로 귀환시키는 중책을 맡게 되는 과정을 알아보자. 『삼국사기』에서 눌지왕은 고구려와 왜에 볼모로 잡혀 있는 자신의 두 아우를 빼내올 수 있는 말 잘하는 '변사(辯士)'를 물색한다. 이에 수주촌간 벌보말 등 세 사람의 현인들을 수소문하여 자문을 구하니, 이들은 이구동성으로

치술령 박제상의 장렬한 죽음은 구전으로 전해져 여러 형태의 설화를 파생시켰다. 왜국을 향해 남편을 그리다 통곡하면서 삶을 마친 박제상의 아내는 치술령의 신모가 되었다고 하며 산꼭대기에는 박제상의 아내가 남편을 기다리다 바위가 되었다는 망부석이 있다. 해발 754m의 치술령은 현재 경주시 외동읍 과 울주군 두동면 경계에 있다.

'강직하고 용감하며' '슬기로운' 삽량주간 제상을 추천한다. 그런 데 『삼국유사』의 박제상 발탁 대목은 이와는 차이를 보인다. 눌지 왕이 군신들과 나라 안의 '호협(豪俠)'한 이들을 불러모아놓고 연 회를 베푸는 자리에서 자신의 소원을 밝히자, 이에 백관들은 '슬 기와 용기'를 겸비한 삽라군 태수 제상을 추천한다. 두 기록을 합 쳐보면 눌지왕은 결국 말 잘하고 용기 넘치며 슬기로운 호협한 인 물을 구한 셈이다.

　다음으로 박제상의 고구려행이다. 『삼국사기』에는 그가 정식으로 예를 갖추어 고구려에 들어가서 장수왕을 설득하여 복호와 함께 귀국하는 것으로 나온다. 발탁 과정에서 눌지왕이 원했던 변사로서의 능력을 유감없이 발휘한 결과로 볼 수 있다. 반면 『삼국유사』는 이와는 사뭇 다른 사정을 전한다. 박제상은 우선 '변복(變服)'을 하고 북쪽 바닷길을 따라 고구려에 '잠입(潛入)'하여 보해(『삼국사기』의 복호)와 함께 야밤에 고구려군의 추적을 따돌리고 도망쳐 나온다. 이는 영락없는 첩자의 행위다. 변복과 잠입은 첩자의 전유물이나 마찬가지 아닌가?

복호를 맞이한 눌지왕은 눈물을 흘리며 기뻐하면서도 "몸뚱이 하나에 팔 하나 뿐이요, 얼굴 하나에 한쪽 눈만 있는 것 같다"며 왜에 있는 또 다른 동생을 떠올렸다. 이에 박제상은 집에도 들르지 않고 바로 율포 바닷가로 나가 배를 타고 왜로 향했다. 부인이 이 소식을 듣고 달려왔으나 제상은 이미 배에 오른 뒤였다. 아내는 애타게 남편을 불렀으나 제상은 그저 손만 흔들 뿐이었다. 박제상의 왜국행에 관한 기록은 고구려행과는 달리 『삼국사기』 쪽이 훨씬 첩자의 성격이 강하다. 즉 박제상이 왜국으로 건너가기에 앞서 신라는 박제상을 나라를 배신한 인물로 꾸미는데 이 부분이 대단히 치밀하게 안배되어 있어, 정교한 첩보술을 연상시키기에 충분하다. 그 관련 대목이다.

왜인은 말로는 달랠 수 없으니 거짓 꾀를 써서 왕자를 돌아오게 해야 합니다. 신이 그곳에 가거든 신을 나라를 배반한 죄로 다스려 왜인들이 이를 알게 하십시오.

권45 「열전」 제5 '박제상전'

그러나 이 기록만으로는 박제상의 왜국행이 사전에 치밀하게 짜인 각본에 따른 것으로 보기는 힘들다. 보다 확실한 근거는 위 기사 다음에 이어지는 내용에서 찾을 수 있다. 박제상이 왜국에 가자 왜왕은 일단 박제상을 의심했다. 그런데 다음 기사에 느닷없이 이전에 신라와 고구려의 왜 공격을 사전에 알려준 백제인이 등장한다. 왜왕은 이 일로 이 백제인을 믿게 되었는데, "신라왕이 미사흔과 제상의 가족을 옥에 가두었다는 말을 듣고 제상이 정말 신라를

배반한 사람으로 여겼다"는 것이다. 이때 왜왕이 들은 미사흔과 제상에 관한 정보가 어디에서 흘러나왔을까. 문맥상으로는 틀림없이 백제인이다. 이전에 정확한 정보를 왜왕에게 주어 신임을 얻은 백제인을 신라(또는 박제상)가 이용한 것이다. 기사의 내용이나 문맥으로 볼 때 이 백제인 역시 첩자일 가능성이 크다. 그것도 이중 간첩일 가능성이 큰데, 신라는 자신들의 첩보망을 통해 이 백제인의 신상을 파악하고 그에게 거짓 정보를 흘렸거나 그를 매수해서 왜왕에게 박제상과 관련한 거짓 정보를 알리게 한 듯하다. 그 부분을 보자.

> 바로 왜국으로 들어가서 (본국을) 배반하고 온 사람처럼 했는데 왜왕이 의심하였다. 전에 백제인 하나가 왜에 들어가 신라가 고구려와 더불어 왜왕의 나라를 침공하려 한다는 일을 일러준 적이 있는데, 왜가 군사를 보내 신라 국경 밖에서 순찰을 하게 했다. 그런데 마침 고구려가 와서 왜의 순찰군을 모두 잡아 죽이니 이 일로 왜왕은 이 백제인의 말을 사실로 여겼다. 또 (왜왕은) 신라왕이 미사흔과 제상의 가족을 가두었다는 말을 듣고 제상을 정말 신라를 배반한 사람으로 여겼다.

이렇게 해서 왜왕은 박제상의 반역을 믿게 되었는데, 믿는 정도에 그친 것이 아니라 박제상과 미사흔을 향도로 삼아 신라를 공격하겠다고 나섰다. 박제상으로서는 예기치 못한 뜻밖의 상황이었다. 왜인들은 제상이 태연한 척 미사흔과 낚시를 하며 즐겁게 지내자 이들을 보다 확실하게 믿고 기뻐했다. 왜인들을 안심시킨 제상

은 미사흔에게 혼자 귀국할 것을 권하고, 자신은 늦잠을 자면서 미사흔이 멀리 도주할 시간을 벌었다. 뒤늦게 이 사실을 안 왜인들이 미사흔을 추격했으나 자욱한 안개 때문에 잡지 못하고 미사흔은 무사히 귀국할 수 있었다.

여기까지가 미사흔이 탈출하기까지의 『삼국사기』 기록이다. 한편 『삼국유사』에 따르면 왜국으로 간 박제상이 왜왕에게 신라왕이 자신의 아버지와 형을 죽였기 때문에 이곳까지 도망쳤다고 했고, 왜왕은 별다른 의심 없이 이를 믿고 집까지 내주었다. 제상은 미해(미사흔)와 함께 낚시를 하면서 시간을 보내다 안개가 자욱하게 긴 날을 택해 계림 사람 강구려와 함께 미사흔을 신라로 탈출시켰다.

전체적인 내용은 두 기록 모두 대동소이하다고 볼 수 있다. 『삼국유사』는 치밀한 사전 안배의 내용을 생략한 것 같고, 또 아버지와 형을 신라왕이 죽였다고 한 대목은 마치 춘추시대 초나라 평왕(平王)이 오자서(伍子胥)의 아버지 오사(伍奢)와 형 오상(伍尙)을 죽인 사실을 연상케 하여 중국 고사를 차용한 것이 아닌가 한다. 이런 점에서 『삼국사기』의 기록은 한결 차분하고 사실적이라 할

오자서 초나라 평왕에게 아버지와 형이 살해당하고, 천신만고 끝에 오나라로 도망쳐 오나라의 개혁을 주도했던 오자서는 첩자 활용에 대단히 능숙했다. 그는 자객 전저를 기용하여 국왕 요를 암살하고 합려를 즉위시켰으며, 이어 요리를 사간으로 발탁하여 합려의 정적인 경기를 암살했다.

수 있다.

다음은 박제상의 죽음이다. 『삼국사기』는 왜왕이 박제상을 목도(木島)로 유배시켰다가 얼마 뒤 장작더미에 올려놓고 전신을 태운 다음 목을 잘랐다고 되어 있다. 이에 비해 『삼국유사』는 상당히 장황하고 지나치게 극적이어서 기록의 진위를 의심하게 만든다. 『삼국유사』에 묘사된 박제상의 죽음은 잘 알려져 있듯이, 왜왕 앞에서 당당하게 신라의 신하임을 외치다 발바닥 살이 벗겨진 채 갈대 위를 걷는 고문과 뜨거운 철판 위에 서는 혹형을 받은 다음 목도에서 불에 타죽는 것으로 나온다. 정작 우리의 관심은 몇몇 대목에서 박제상 자신이 내뱉은 말들에 있다. 이 말들은 결국 박제상의 개인적 신념과 관련한 것인데, 추천을 받고 왕 앞에서 한 말과 왜국으로 떠나기 전에 한 말이 『삼국사기』 그의 열전에 단편적으로 남아 있다.

신이 어리석고 불초하나 어찌 명을 받들지 않겠습니까?

신이 비록 아둔한 재주로나마 이미 몸을 나라에 바쳤으니 끝까지 명을 욕되게 하지 않을 것입니다.

내가 왕명을 받아 적국으로 들어가게 되었으니 당신이 나를 다시 볼 기약은 없을 것 같소.

박제상에게는 왕명과 나라가 전부였다. 이것이 그를 움직이게 한 동력이었고, 죽음까지도 불사하게 한 신념의 원천이었다. 『삼국유사』의 기록도 비슷하지만 다소 장황할 뿐 아니라 중국 사서의 대목까지 인용되어 있어 간결하고 명료한 『삼국사기』의 기록에 비

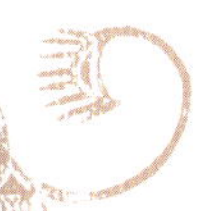

해 긴장감이 떨어지는 편이다. 먼저 추천을 받은 다음 왕 앞에서 박제상이 한 말이다.

신이 듣기로는 임금에게 근심이 있으면 신하가 치욕을 당하고 임금이 치욕을 당하면 신하는 목숨을 내놓는다고 했습니다. 일의 쉽고 어려운 것만 따져 살기만을 생각한 다음 행동한다면 그것은 용기라 할 수 없습니다. 신이 불초하오나 왕명을 받들어 이루길 원합니다.

첫 문장은 『사기』「월왕구천세가」와 「범수채택열전」에 나오는 대목을 인용한 것이다. 어쩌면 박제상은 평소 『사기』에 보이는 유협이나 자객 또는 지사(志士)들의 행적에 깊이 감명을 받아 그들의 형상을 가슴속 깊이 담아두었는지도 모르겠다. 아무튼 『삼국유사』 '박제상조'에 중국 측 고사와 일부 대목이 인용되어 있다는 점은 앞으로 좀 더 검토해보아야 할 문제다.

『삼국유사』는 박제상이 왜왕과 나눈 대화를 통해 박제상의 굳건한 신념을 전하고 있는데, 이 기록은 그 현장에 있었던 누군가에 의해 전해졌거나 설화적 형태로 전승되어오던 것을 기록으로 보존한 것일 가능성이 있다.

왜왕 : 너는 어찌하여 네 나라 왕자를 몰래 탈출시켰느냐?

제상 : 나는 계림의 신하이지 왜국의 신하가 아니다. 이제 우리 임금의 소원을 이루어드렸는데 그걸 왜 너에게 말해야 하는가?

왜왕 : 너는 이미 내 신하가 되어놓고 다시 계림의 신하라고 말하니 오형에 처할 수밖에 없다. 하지만 왜국의 신하라고 말한

<blockquote>
다면 후한 녹을 주겠다.

제상 : 차라리 계림의 개돼지가 될지언정 왜국의 신하는 되지 않겠
다. 차라리 계림의 왕에게 볼기를 맞을지언정 왜국의 벼슬
과 녹은 받지 않겠다.
</blockquote>

첩자의 각도에서 볼 때 박제상의 행적은 첩자의 그것이 분명하
다. 물론 신분상 박제상은 엄연한 지방관리였다. 그는 자신의 소신
과 신념에 투철한 인물로 첩자의 역할을 자원했으며, 첩자의 유형
으로는 『손자병법』에서 분류한 '사간'의 전형이다.

박제상의 행적은 여러 면에서 중국 고사를 떠올리게 한다. 아내
에게 다시 볼 기약을 할 수 없다며 바다를 건너 왜국으로 떠나는
그의 모습은 마치 진시황을 암살하기 위해 역수(易水)를 건너던 자
객 형가를 연상시킨다. 또 신라왕이 아버지와 형을 죽인 것으로 꾸
민 장면은 춘추시대 오왕 합려(闔閭)로 하여금 실제로 자신의 아내
와 자식을 불태워 죽이게 하여 신분을 가장한 다음 공자 경기(慶
忌)에 접근하여 그를 살해한 요리(要離)란 첩자(자객)를 떠올리게
하기에 충분하다. 이런 극적인 위장술은 역대 첩자의 사례에서 적
지 않게 등장하는 요소다. 우리가 고구려 첩자에서 살펴본 승려 도
림도 죄를 짓고 도망쳐 나온 것처럼 위장하지 않았던가?

박제상이 눌지왕의 동생들을 구출해오는 행적은 전형적인 첩자
의 모습이다. 고구려행에서는 변복을 했고, 왜국행에서는 나라에
큰 죄를 지어 가족까지 죽임을 당한 것처럼 위장했다. 게다가 이런
위장을 왜왕이 사실로 믿게 하기 위해 이중 간첩으로 보이는 백제
인까지 이용하는 치밀함을 보이고 있다. 현대 첩자 용어로 거짓 정

박제상 사당 치술령 아래에 위치한 박제상의 사당. 박제상을 기리기 위해 그의 아내가 세웠다고도 한다.

보나 낡은 정보를 흘리는 것을 '중독(intoxication)'이라 부르는데, 왜왕이 이전부터 백제인 등이 제공하는 정보에 이미 중독되었던 것으로 볼 수 있다.

조국을 배반하느니 장렬한 죽음을 택한 박제상의 신념에서는 전형적인 고대 첩자상을 확인하게 된다. 그리고 또 우리는 그 모습과 겹쳐 나타나는 영웅의 형상을 극적으로 만날 수 있다. 박제상의 행적이 두고두고 설화나 전설로 남을 수 있는 힘은 여기에 있다.

박제상을 움직인 신념은 무슨 의미를 갖는가? 무엇이 그를 그토록 확고부동한 충절의 결정체로 만들었는가? 어쩌면 그것은 험악하게 변하고 있는 동아시아 국제정세 속에서 생존을 위해 신라가 선택할 수밖에 없었던 최선의 이데올로기, 즉 충성과 애국의 결과물이 아닐는지?

◉ 김춘추의 고구려행과 고구려 신라의 숨막히는 첩보전

7세기 그러니까 기원후 600년을 기점으로 삼국 간 투쟁의 무대에 두 사람의 풍운아가 등장하여 쌍두마차로 두각을 나타내기 시작한다. 한 사람은 훗날 신라 제29대 왕이 된 태종무열왕 김춘추(?~661)이고, 또 한 사람은 신라의 삼국 통합에 결정적인 역할을 한 것으로 평가받는 명장 김유신(595~673)이다. 두 사람은 거의 같은 연배로 화랑이라는 엘리트 코스를 거쳐 정계와 군대에서 각각 최고 자리에 올랐다. 두 집안은 그 아버지 때부터 긴밀한 관계를 유지해왔다. 김춘추의 아버지 김용춘과 김유신의 아버지 김서현은 전투에 함께 출전할 정도로 가까운 사이였다. 이러한 친분 때문인지 두 사람은 처남 매부 사이이자 장인·사위라는 지금으로 보면 기괴한 혼인관계로 결합되었다. 가야 왕족의 후손으로 신라 군대에서 상당한 영향력을 확보한 김유신은 왕위 계승에서 배제되어 있던 왕족 출신의 김춘추가 왕위에 오르는 데 결정적인 역할을 했다. 김춘추는 가야계라는 아웃사이더 김유신을 중앙 정계로 끌어들여 그의 입지를 강화시킴으로써 왕을 제외한 최고의 자리에 오

태종무열왕 김춘추의 무덤 신라와 고구려 사이에 치열한 첩보전이 오갔던 642년 김춘추의 고구려행
은 결과적으로 김춘추가 왕위에 한 걸음 더 바짝 다가설 수 있게 한 중대한 계기로 작용했다.

를 수 있게 했다.(김유신은 살아서는 태대각간이란 예외적인 최고 관
직을 받았고, 죽은 뒤에는 흥무대왕으로 추증되어 왕조 체제에서 누릴
수 있는 최고의 대우를 누렸던 셈이다)

좀 과장되게 말해 7세기 신라는 이 두 사람의 움직임에 따라 울
고 웃을 정도였다. 물론 이는 현재 남은 기록으로 볼 때 그렇다는
말이다. 하지만 기록상의 편차를 감안하더라도 이 두 사람이 7세기
에 남긴 흔적은 우리 역사에 짙은 그림자를 드리우기에 충분하다.

김춘추는 집권을 위해 여러 차례 정치·외교적 모험을 감행한다.

특히, 세 차례에 걸친 중대한 외교는 결과적으로 그의 집권에 큰 힘으로 작용했다. 그 첫째가 642년 감행한 고구려행이었으며, 둘째는 646년 도왜(渡倭)였고, 마지막이 648년의 당나라행이었다. 이 중에서도 그의 첫 대외 활동이자 목숨을 건 모험으로 평가받는 642년의 고구려행이 가장 중요하다. 우리의 관심도 여기에 모아져 있다. 왜냐하면 김춘추의 고구려행이라는 이 역사적 사건은 표면적으로는 공식적인 외교 활동으로 기록되어 있지만, 그 과정을 가만히 들여다보면 치열한 물밑 접촉과 숨막히는 첩보전이 펼쳐지고 있기 때문이다.

642년 10월 무렵 고구려행을 감행할 당시 김춘추의 정치적 상황은 사면초가라 할 만큼 어려웠다. 그해 8월, 신라의 대야성(지금의 경남 합천)이 백제에게 함락되고 김춘추의 딸 고타소와 사위인 도독 김품석이 적에게 피살되는 엄청난 사건이 발생했다.(일부 기록에는 자살로도 나온다) 그런데 대야성이 점령당하고 도독 김품석 부부가 피살된 데에는 품석과 그의 모사였던 검일의 아내 사이에 저질러진 불륜이 개입되어 있었다. 즉 품석에게 아내를 빼앗긴 모사 검일이 백제와 내통하여 대야성을 곤경에 빠뜨린 것이었다. 이 때문에 신라는 도독 김품석을 비롯하여 그의 아내와 아들이 피살되고, 죽죽과 용석 같은 맹장들까지 잃는 큰 타격을 입었다.

그런데 이 사건의 파장은 김춘추에게까지 미쳤다. 사위 품석이 끝까지 항전하지 않고 백제에 투항했기 때문이었다. 그렇지 않아도 김춘추의 정치적 부상을 경계하는 귀족들의 반대가 만만치 않은 상황에서 대야성 사건은 김춘추에게 큰 정치적 부담이자 위기로

다가왔다. 이에 김춘추는 난국을 타개할 고육책이자 묘책의 하나로 백제를 견제하기 위한 청병을 빙자하여 고구려행을 자청했던 것이다. 김춘추의 고구려행과 관련한 『삼국사기』 기록을 보자.

> (선덕여왕 11년, 642) 겨울에 왕이 백제를 쳐서 대야성의 패배를 설욕하기 위해 이찬 김춘추를 고구려에 보내 군사를 요청하게 했다.
>
> 처음 대야성에서 패했을 때 도독 품석의 아내도 죽었는데 그는 춘추의 딸이었다. 춘추가 이 소식을 듣고 기둥에 몸을 기댄 채 하루 종일 눈도 깜짝이지 않았는데 사람이 그 앞을 지나도 알지 못할 정도였다. 이윽고 "슬프구나! 대장부가 되어 어찌 백제를 멸하지 못하랴!"라고 한 다음 바로 왕에게 나아가 "신이 고구려에 사신으로 가서 군사를 요청하여 백제에 대한 원한을 갚고 싶습니다"라고 하니 왕이 이를 허락하였다.

권5 「신라본기」 제5

「신라본기」의 기록만 놓고 보면 김춘추의 고구려행은 사위와 딸의 죽음에 대한 보복 차원에서 군대를 요청하기 위함으로 생각된다. 그러나 한 나라의 중신으로 막중한 책임을 진 그가 사사로운 감정에 좌우되어 고구려행을 단행했을 가능성은 그다지 커 보이지 않는다. '김유신열전'을 보면 김춘추는 떠나기에 앞서 처남인 김유신과 함께 목숨을 건 굳은 약속을 한 후 손가락을 깨물어 피를 흘려 서로 마시며 맹세까지 했다. 이 비장한 장면은 정치적으로뿐 아니라 인척관계로 맺어진 두 사람이 눈앞에 닥친 위기를 타개하기 위해 결정한 고구려행이 얼마나 심각하고 위험한 선택이었는가

대야성이 있던 자리 대야성 전투는 결과적으로 당시 국제정세의 변화를 자극하는 원인을 제공했고, 그 이면에는 첩자의 그림자가 어른거리고 있다. 지금의 경남 합천에 자리 잡고 있다.

를 잘 보여준다. 목숨을 건 모험이었기에 두 사람은 사후 대책에 대해서도 만전을 기하지 않을 수 없었다. 이런 상황에서 김유신의 첩보망 작동은 필수적이었다.

김춘추의 고구려행은 고구려로서도 굵직한 사안이었다. 특히 김춘추가 고구려에 들어가던 바로 그해 10월 고구려에서는 연개소문이 쿠데타를 일으켜 영류왕이 살해되고 보장왕이 즉위하는 엄청난 사태가 발생했다. 이런 상황에서 신라의 실세 중 한 사람인 김춘추가 고구려에 온다는 것은 결코 만만치 않은 사건이었다. 실권자 연개소문 역시 김춘추의 의도를 파악하기 위해 첩보망을 동원했다.

고구려 측에서는 김춘추의 입국을 자신들의 정세를 염탐하러 오는 것으로 분석한 시각도 있었기 때문이다. '김유신열전'에는 이와 관련하여 눈길을 끄는 기사가 있다.

고구려왕은 태대대로 개금(연개소문)을 보내 (김춘추를) 맞아 객관을 정해주고 잔치를 베풀어 우대했는데, 누군가 고구려왕에게 "신라 사자는 보통 사람이 아닙니다. 이번에 온 것은 아마 우리 형세를 살피려는 것이오니 왕께서는 이 자를 제거하여 후환이 없도록 하십시오"라고 했다.

조령 김춘추의 고구려행으로 연개소문과의 정상회담이 열렸고, 이 회담은 마목령(조령)과 죽령의 소유권에 대한 이견으로 결렬되었다.

'누군가' 로 표현된 이 인물이 어떤 자인지는 알 수 없지만 왕이나 연개소문의 측근으로 모종의 정보망을 통해 입수한 정보나 첩보를 전한 것으로 추측된다. 고구려는 이러한 분석에 무게를 두고 청병의 대가로 신라에게 빼앗긴 마목령(지금의 조령)과 죽령을 되돌려달라는 무리한 요구를 했다. 김춘추로서는 당연히 요구를 들어줄 수 없었다. 자신의 정치적 부상을 견제하는 귀족 세력들이 가만히 있을 리 없었기 때문이다. 사위 품석 사건 때문에 가뜩이나 궁지에 몰린 김춘추에게는 사실 이런 요구를 수락할 만한 권한도 없었다. 그리고 당시 고구려는 백제와 동맹관계에 있었기 때문에 백제를 견제하기 위한 신라의 청병은 그 자체로 무리수가 아닐 수 없었다.

그렇다면 김춘추는 청병이 받아들여지지 않을 걸 알면서도 고구려행을 감행한 것인가? 이에 대해서는 박순교의 박사학위논문「김춘추의 집권과정 연구」에 잘 분석되어 있는데, 이에 따르면 김춘추의 고구려행은 자신의 정치적 상황을 타개하기 위함과 동시에 당나라를 자극하기 위한 것이라고 한다. 즉 신라의 청병과 동맹 요구에 미온적인 태도를 보이고 있는 당을 자극하여 보다 적극적인 나·당 동맹을 성사시키기 위한 치밀한 외교적 포석이라는 것이다. 고구려와 적대관계에 있던 당으로서는 신라가 고구려와 동맹하는 것은 결코 바람직한 시나리오가 아니다. 이런 점에서 김춘추의 고구려행은 고도의 외교술이었다. 여기에 외교와 동시에 치밀한 첩보전까지 작동하고 있었다.

김춘추는 자신의 고구려행을 지나치게 과장하고 있다. 김유신과 손가락을 깨물어 피를 나누어 마신 것도 그렇거니와 60일 이내에

돌아오지 않으면 다시 못 만날 것이라고 한 말도 마찬가지다. 이는 고구려행이 실패할 경우 자신에게 쏟아질 비난을 모면하기 위한 여지를 사전에 마련한 것으로 보이며, 또 국내의 여론과 관심을 자신에게 집중시키는 고도의 정치술이었다. 이 때문에 선덕여왕은 김유신에게 결사대 1만을 조직하게 했다.(열전에는 결사대 성격이 짙은 3천 명으로 나오는데, 1만 중 3천을 가려 뽑은 것인지 별개의 군사인지는 확실치는 않지만 김유신이 이를 계기로 사병적 성격이 강한 군사력을 자신의 휘하에 둔 것만은 분명하다)

김춘추는 또 김유신과 더불어 고구려의 정세 변화를 예의주시하고 있었던 것으로 추측된다. 즉 고구려 내의 정변을 탐지했고, 이에 따라 고구려행을 감행한 것으로 볼 수 있다. 연개소문의 입장에서도 신라의 실세인 김춘추를 이용하여 정변에 따른 악화된 여론을 돌리는 한편 자신의 정치적 입지도 굳힐 수 있는 기회로 활용할 수 있었다. 때문에 왕을 포함한 자신과 김춘추에 대한 경호를 엄중히 하는 등 국빈의 예의로 맞이했고, 또 별도로 두 사람만의 정상회담까지 마련했던 것이다.

정상회담은 예상대로 결렬되었고 고구려는 김춘추를 별관에 가두고 죽이려 했다. 이 긴박한 상황에서 김춘추는 고구려왕이 총애하는 선도해라는 자에게 가져온 청포(푸른 베) 300발을 몰래 뇌물로 주고 빠져나갈 방안을 강구한다. 여기서 아주 흥미로운 것은 선도해라는 자와 그에게 뇌물로 준 청포 300발이다. 먼저 청포에 관한 『삼국사기』 '김유신열전'의 기록이다.

김춘추가 사간 훈신과 함께 고구려에 사절로 가던 중 대매현에 이

르자 고을 사람 사간 두사지가 청포 300발을 주었다.

김춘추는 공식 사절로 고구려에 들어갔다. 따라서 고구려왕이나 실권자 연개소문에게 줄 예물도 적지 않게 마련했을 것이다. 그런데 대매현에서 건네받은 청포 300발은 공식 예물에 포함되어 있지 않았던 듯하다. 말하자면 이는 김춘추가 요긴한 상황에서 쓰려고 은밀히 마련해둔 로비 자금이었던 셈이다.(300발은 약 1,800자에 이르며 필로 따지면 220필이 넘는다. 상당한 자금이 아닐 수 없다)

다음으로 선도해란 인물이다. 그는 죽음의 위기에 처한 김춘추에게 '토끼와 자라' 또는 '토끼의 간'으로 잘 알려진 우화를 들려준다. 그 의미를 알아챈 김춘추는 고구려왕에게 귀국하면 본국의 왕에게 청하여 고구려의 요구를 받아들이도록 최선을 다하겠다는 글을 올려 위기에서 벗어난다. 그런데 어느모로 보아도 선도해는 『손자병법』에서 말하는 첩자로서 적의 관직에 있는 자, 즉 '내간'의 성격이 짙다. 다시 말해 선도해는 신라, 구체적으로는 김유신이나 김춘추가 진즉 고구려에 심어놓은 내간으로, 김춘추의 고구려행도 막후에서 그가 주선했을 가능성이 크다. 청포 300발은 성공하든 실패하든 김춘추의 고구려행을 주선한 선도해에게 사례로 건네졌을 로비 자금이었던 것이다.

그렇다면 김춘추와 김유신은 사전에 고구려의 정세 변화에 대한 첩보(이 또한 선도해를 통해 전달받았을 가능성이 있다)를 듣고 선도해를 중간에 넣어 김춘추의 고구려행과 연개소문(표면적으로는 고구려왕)과의 정상회담을 주선케 한 것이다. 그리고 실패할 경우 쏟아질 비난을 모면하기 위해 김춘추의 고구려행이 목숨을 건 대단

히 위험한 임무라는 것을 과장하여 국내 여론을 환기시키고, 궁극적으로는 김춘추가 돌아오지 않을 경우를 대비한 결사대 1만까지 김유신이 거느리게 되었던 것이다.

고구려 내부에는 선도해뿐 아니라 신라의 고정 침투 첩자도 있었던 것 같다. 협상이 결렬되고 고구려가 김춘추를 감금하자 김춘추는 은밀히 사람을 시켜 신라왕에게 이 사실을 알리게 했다. 김춘추가 은밀히 신라로 보낸 '사람'이 자신을 수행한 수행원 가운데 한 사람인지 아니면 고구려 내부에 침투해 있던 첩자인지는 확실치 않지만, 자신의 위기상황을 즉각 본국에 알릴 정도라면 적어도 고구려 내부에 신라의 첩보망이 작동하고 있었다고 볼 수 있다. 고구려왕이 총애하는 선도해를 움직일 정도라면 신라의 첩보망이 어느 정도였는지 충분히 짐작할 수 있을 것이다.

그런데 이와 동시에 고구려도 자체 첩보망을 가동하고 있었다. 연개소문은 김춘추를 정치적으로 활용하는 선에서 일을 마무리 짓는 쪽을 택했다. 김춘추를 죽여서 얻게 될 손익을 따져보지 않았을 리 없는 연개소문은 자신의 첩보망을 통해 신라의 김유신이 결사대 1만을 거느리고 고구려 경내로 진격하고 있다는 첩보를 접했고, 이에 김춘추를 돌려보낸 것이다. 『삼국사기』의 관련 부분이다.

춘추가 가만히 사람을 보내 본국의 왕에게 사실을 알리자 왕이 대장군 김유신에게 결사대 1만을 거느리고 가도록 명령하였다. 유신의 군대가 한강을 지나 고구려 남쪽 경계에 이르자 고구려왕이 (이 소식을) 듣고 춘추를 놓아 돌려보냈다. 김유신을 압량주 군주에 임명했다.

권5 「신라본기」 제5

　　이때 고구려의 첩자인 승려 덕창이 이 일(김유신의 결사대가 고구려를 향해 떠났다는 소식)을 고구려왕에게 알리게 하였다. 고구려왕은 이보다 앞서 김춘추가 맹서하는 말을 들은데다 첩자의 말까지 듣고 보니 더 이상 김춘추를 억류시키지 못하고 후한 예로 대우하여 돌려보냈다.

권41 '김유신열전' 제1

　　김춘추는 사활을 걸고 승부수를 던졌으나, 그것은 막연하게 요행만을 바라는 무리수가 결코 아니었다. 646년 김춘추는 도왜에 이어 648년 마침내 아들 김인문과 함께 당으로 건너가 대당 외교를 성사시킨다. 이어 신라는 김춘추의 대당 외교 교섭의 후속 조치로 전면적인 정치 개혁과 중국화를 단행하고 삼국 통합에 박차를 가한다. 그리고 654년 김춘추는 마침내 대망의 왕위에 오르는 데 성공한다.

　　김춘추가 왕위에 오르기까지의 과정에서 642년 고구려행이 차지하는 비중은 대단히 크다. 그의 고구려행은 향후 대외 교섭에서 그의 비중과 지분을 한층 높이는 계기가 되었을 뿐 아니라 김유신이 군권을 강화할 수 있는 정치적 배경으로도 작용했다. 즉 김유신은 김춘추가 고구려에서 돌아올 무렵 압량주(지금의 경상북도 경산) 군주에 임명되었다. 그리고 이 일련의 과정에서 647년 터진 귀족들의 반란인 '비담의 난'은 김춘추와 김유신이 결정적으로 신라 정계를 완전히 장악할 수 있게 한 내부 요인으로 작용했다. 김유신의 군사력으로 이 난을 성공적으로 진압한 김춘추는 이듬해인 648년 당으로 건너가 대당 외교를 성공적으로 이끌어냄으로써 사실상 후계자로서의 입지를 굳혔다.

태종무열왕 작전 회의 장수들과 전략회의를 하고 있는 태종무열왕 김춘추. 김춘추가 왕위에 오르고 신라가 삼국을 통일할 수 있었던 것은 치밀한 첩보전이 있었기에 가능했다.

김춘추의 고구려행은 한 마디로 말하자면, 전방위 외교를 이용한 첩보 활동의 대표적인 사례라고 할 것이다. 김춘추가 고구려에 무려 60일 이상을 머물렀다는 사실은 무엇을 말하는가? 그리고 그 60일 동안 김춘추는 과연 무엇을 했을까? 이에 대한 답은 위에서 살펴본 내용에 다 함축되어 있을 것이다.

그리고 청포 300발의 주인공 선도해, 자신의 구금 사실을 알리기 위해 본국으로 보낸 사람, 김춘추의 의도를 일찌감치 간파한 것으로 보이는 고구려왕의 측근 '누구', 김유신의 결사대 소식을 전하게 한 고구려 첩자 덕창 등등 이런 요소들을 함께 종합해보면 어떤 결론이 나올까? 독자들도 함께 사실(fact)에 입각한 역사적 상상(faction)의 나래를 펼쳐보시길.

◉ 첩자 활용의 전문가 김유신

'음험하기가 사나운 독수리 같았던 정치가' 라는 말은 신라의 명장이자 삼국 통일의 주역이라는 칭송을 받아온 김유신에 대한 단재 신채호 선생의 색다른 평가의 일부다. 단재는 『조선상고사』(제11편)에서 다음과 같이 김유신을 평가했다.

『삼국사기』 김유신전을 보면 유신은 전략과 전술이 다 남보다 뛰어나 백전백승의 명장이다. 그러나 대개 그의 패전은 휘닉(諱匿, 숨기다), 소승(小勝, 작은 승리)을 과장한 무록(誣錄, 엉터리 기록)이다. (중략) 김유신은 지용(智勇)이 있는 명장이 아니요, 음험하기가 사나운 독수리 같았던 정치가이며, 그 평생의 큰 공이 전장에 있지 않고 음모로 이웃나라를 어지럽힌 자이다.

단재는 신라가 외세를 끌어들여 같은 민족인 백제와 고구려를 멸망시킨 것을 반민족 행위로 보았기 때문에 김유신에 대해서도 결코 곱지 않은 평가를 내렸다. 나라를 잃은 상황에서 민족의 자긍심과 자주의식을 고취하기 위해 분골쇄신했던 단재의 평생을 생각하노라면 사실 그의 이런 평가에 이의를 달고 싶지 않다. 하지만 지금 생각해보면, 단재 시대의 민족이란 개념

김유신 김유신은 첩자 활용과 첩보전에 관한 한 발군이었다. 그가 첩보전에 대해 남다른 인식을 가졌던 계기는 화랑 시절 고구려 첩자 백석의 유인에 말려 하마터면 목숨을 잃을 뻔 했던 경험 때문이었다.

도 그렇고 당시 신라가 처한 상황, 그리고 무인이자 정치가였던 김유신이란 역사적 개체 등을 전체적으로 고려해볼 때 평가의 방향이 어긋난 감이 없지 않다. 역사적이고 이성적 평가라기보다는 본질에서 벗어난 감성적인 평가라 하지 않을 수 없다.

그런데 단재의 말 중에서 '음험'이니 '음모'니 하는 표현들이 눈길을 끈다. 이는 김유신의 첩자 활용과 첩보전 때문에 나온 것인데, 삼국시대라는 역사적 배경을 무시한다면 이런 평가가 불가능하지만은 않다. 그러나 시각을 달리 하면, 단재의 이런 평가는 곧 김유신이 첩자 활용과 첩보에 뛰어났음을 역설해주는 것이 된다. 이는 『삼국사기』 '김유신열전'이 그 자체로 첩보전의 기록을 방불케 한다는 필자의 주장과도 맞아떨어진다. 단재나 필자나 모두 '김유신열전'의 그러한 측면에 주목했다는 말이다.

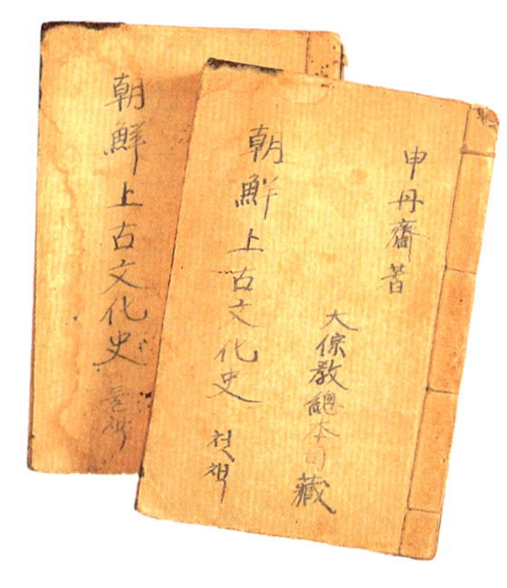

단재 신채호와 『조선상고사』 김유신에 대해 신랄한 비난을 퍼부었던 단재의 평가는 첩자 활용과 첩보전이란 측면에서 보면 문제의 핵심을 건드린 지적이 아닐 수 없다. 다만 단재가 처했던 시대적 상황이 그로 하여금 김유신의 이런 행위를 용납할 수 없게 만들었을 뿐이다.

　김유신은 누가 뭐라 해도 첩자 활용과 첩보에 관한 한 최고 전문가였다. 앞에서도 잠깐잠깐 언급했지만 그는 젊은 시절부터 첩자에 대해 깊은 관심을 가지고 연구한 것 같다. 이제 첩보의 전문가로서의 김유신을 역사 기록들을 통해 재구성해보기로 한다. 독자들은 이를 통해 신라가 삼국을 통합할 수 있었던 여러 요인들 가운데 김유신의 첩보 조직이 상당히 큰 역할을 했다는 새로운 인식을 얻을 수 있을 것이다.

　그렇다면 김유신은 왜 첩자에 관심을 기울일 수밖에 없었는가? 여기에는 무엇보다 그의 출신 배경이 작용했을 것이다. 김유신은 가락국의 왕족 출신이다. 그의 증조부는 가락국의 마지막 왕인 구해다. 김유신의 직계 선조를 간단하게 표시해보면 다음과 같다.

김구해(증조부, 가락국의 마지막 왕) – 김무력(조부, 1위 관등 각간) –
김서현(부, 3위 관등 소판) – 김유신

　김유신의 할아버지 김무력은 관산성에서 백제의 성왕이 이끄는 백제군을 격퇴한 인물로 신라 제1관등인 각간에까지 오를 정도로 유명했다. 아버지 김서현은 신라 왕실의 주요 인사인 갈문왕 입종의 아들 숙흘종의 딸 만명과 눈이 맞아 야반 도주하여 신라 왕실을 발칵 뒤집어놓은 스캔들의 주인공이기도 했다. 그러나 김서현의 관등은 3위 소판에 머물렀다.

　김유신 집안은 가야계 출신의 아웃사이더로서 신라 정계의 중심으로 진입하기 위해 무던히 애를 써왔다. 그 결실로서 김유신 대에 와서 김춘추 가문과 결합할 수 있었지만, 그 당시 김춘추 집안 역

시 그의 할아버지 진지왕이 왕위에서 쫓겨난 이후 왕위 계승에서 배제된 채 왕실의 주변을 맴돌고 있는 형편인지라 두 사람의 앞날은 그리 밝지 않았다. 그러나 두 사람은 이해관계 측면에서 서로를 원했다. 특히 김유신은 먼 훗날을 내다보고 자신의 누이동생 문희를 유부남이던 김춘추와 야합하게 하였다. 그리고 머뭇거리는 김춘추를 압박하기 위해 여동생을 불에 태워 죽이려는 일을 꾸며 결국 선덕여왕의 중매로 혼인을 성사시키기까지 했다.

김유신이 첩자와 첩보 활동에 남다른 관심과 능력을 보일 수 있었던 것은 이렇듯 집안의 내력과 화랑 시절의 경험이 크게 작용했다. 여기에 김유신 자신의 타고난 자질도 큰 몫을 했을 것이며, 무엇보다 당시 국제정세가 김유신이 두각을 나타낼 수 있는 유리한 조건을 마련해주었다. 즉 삼국 간의 치열한 무력 충돌과 동아시아 국제질서를 재편하려는 당의 야욕 등이 맞물리면서 그 어느 때보다 신라가 심각하게 생존을 위협받는 상황에서 무와 지략을 겸비한 김유신이란 존재는 구국의 영웅으로 떠오를 소지가 다분한, 말그대로 준비된 ‘인재’였다.

이제 이 점에 초점을 맞추어 기록을 하나하나 검토하여 생사존망을 건 싸움에서 김유신의 첩보망이 어떻게 작동했고 또 첩자 활용이 어떤 작용을 했는지 알아보자.

김유신의 재능이 가장 돋보인 경우는 649년(진덕여왕 3)에 있었던 백제와의 도살성(충남 천안?) 전투에서였다. 먼저 『삼국사기』의 기록을 보자.

가을 8월, 백제의 장군 은상이 무리를 거느리고 와서 석토 등 일곱

충북 진천 김유신 탄생지 김유신의 출생지로 알려진 곳이다. 신라가 삼국을 통일할 수 있었던 데에는 첩자 활용의 달인이었던 김유신의 힘이 크게 작용하였다.

성을 공격하여 함락했다. (신라) 왕은 대장군 유신, 장군 진춘, 죽지, 천존 등에게 나가 막도록 명령했다. 십여 일 동안 전투를 벌였지만 승부가 나지 않자 도살성 아래에 주둔했다. 김유신은 여러 사람들에 게, "오늘 틀림없이 백제가 정탐하러 올 것이니 너희들은 모른 체하 고 아무 말도 하지 말라"고 지시했다. 그리고는 군대를 돌아다니며, "(적이) 튼튼한 벽처럼 꿈쩍도 않으니 내일 원군이 오길 기다렸다가 결전을 벌이도록 하겠다"고 말했다. 첩자가 이를 듣고는 돌아가 은상 에게 보고했다. 은상 등이 적병이 늘 것이라고 수근거리며 의심하면 서도 두려워하지 않을 수 없었다. 이를 틈타 김유신 등이 진격하여 대패시켰다.

권5 「신라본기」 제5 '진덕여왕' 3년(649)조

 제매정 책략가 김유신의 면모를 유감없이 보여준 사건은 누이동생 문희를 불태워 죽이려 한 것이었다. 이 일로 김유신은 김춘추 가문과 단단히 결합했고, 두 사람은 불가분의 관계로 맺어진다. 사진은 김유신의 집으로 알려진 터에 남은 우물 제매정의 모습이다.

649년에 벌어진 이 전투에서 신라는 상주행군대총관 김유신이 군을 지휘했고, 백제는 좌평(백제 16품 관위 중 최고 1품관) 은상이 군을 이끌었다. 말하자면 양국을 대표하는 장수가 맞붙은 전투였고, '김유신열전'의 사료에서 보다시피 시신이 들판에 널리고 방패가 피에 떠내려 갈 정도로 더할 수 없이 치열한 전투였다. 말하자면 양국의 국운이 걸린 중대한 일전이었던 것이다.

전투는 열흘 넘게 계속되었지만 승부가 나지 않았다. 이때 김유신의 첩보전이 빛을 발하기 시작했다. 전투가 교착 상태에 빠지자 김유신은 자신의 첩보망을 동원하여 적의 상황을 염탐한 끝에 적의 첩자가 신라 군영에 잠입할 것이라는 첩보를 입수한다. 이에 유

신은 부하들에게 동요하지 말고 차분히 기다릴 것을 명령한 다음 백제 첩자가 들을 수 있도록 일부러 군영을 돌면서 구원병이 온다는 허위 정보를 흘렸다. 첩자의 첩보를 접한 백제 군대는 동요했고 이 틈을 타서 신라는 백제를 맹공하여 대승을 거두었다. 요컨대 김유신은 백제의 첩자를 역이용하는 반간계를 구사하여 적 진영을 교란한 것이다.

그런데 '김유신열전'은 이와 관련하여 좀 더 구체적인 상황을 전하고 있다. 먼저 열전의 기사를 보자.

2년 가을 8월에 백제 장군 은상이 석토 등 일곱 성을 공격했다. 왕은 유신과 죽지, 진춘, 천존 등 장군에게 나아가 막도록 명령했다. 3군(軍)을 5도(道)로 나누어 공격하였으나 피차 이기고 지고 하면서 10여 일이 지나도록 끝나지 않았다. 이에 시체는 들판에 가득 차고 절구공이가 둥둥 뜨도록 피가 흘렀다. 이에 (신라군은) 도살성 아래에 주둔하여 다시 거병할 수 있도록 말을 쉬게 하고 군사들을 배불리 먹였다. 이때, 물새가 동쪽으로 날아와 유신의 군막을 지나갔다. 장사들이 이를 보고는 불길하다며 수근거렸다. 유신은 이상할 것 없다며 여러 사람들에게, "오늘 틀림없이 백제인이 정탐하러 올 것이니, 너희들은 모른 체하고 누구냐고 묻지 말아라"고 말했다. 그러고는 군대를 돌면서, "(적이) 튼튼한 벽처럼 꿈쩍도 않으니 내일 원군을 오길 기다렸다가 결전토록 한다"고 말했다. 첩자가 이 말을 듣고는 돌아가 은상에게 보고했다.

권42 「열전」 제2 '김유신열전' (중)

본기에 드러나지 않았던 신라 쪽 첩자의 첩보술로 새가 등장하고 있는 점이 이채롭다. 이는 전통적이고 다양한 첩보술 가운데 동물을 매개로 통신하는 방법이었다. 김유신은 새를 이용하여 정보를 주고받았던 것이다. 이와는 조금 성격이 다르지만 이 전투에 앞서 647년에 있었던 비담의 난을 진압하는 과정에서 김유신은 연을 이용하여 반란군을 교란시킨 바 있는데, 어느 쪽이나 김유신의 기발한 용병술을 잘 보여주는 사례다.

649년 신라와 백제의 도살성 전투는 양군이 막상막하의 군사력을 가지고 혈전에 혈전을 거듭했지만 결국은 정보력에서 우세를 보인 신라의 승리로 끝났다. 백제의 좌장 은상도 첩자를 이용하는 첩보전을 구사했지만 이에 대비한 김유신의 방첩망(대항 스파이망)과 반간계의 벽을 넘지 못하고 말았다. 이 전투는 마치 전력이 비슷할 때는 정보력에서 승부가 나는 현대전의 양상을 방불케 했다.

여기서 잠시 김유신의 첩보 조직 내지 첩보망에 대해 알아보자. 첩보와 관련된 정보는 김유신 외에는 누구도 몰랐던 것 같은데, 이는 『손자병법』「용간」편의 "따라서 군대 전체의 일 중에서 간첩만큼 친밀하게 대해야 하는 것도 없고, 간첩에게 주는 상보다 더 후한 상은 없으며, 간첩의 운용만큼 비밀을 요하는 일도 없다"고 한 핵심 사상을 완벽하게 체현한 것이라 하지 않을 수 없다. 김유신이 그만큼 병법에 정통했다는 의미이기도 하다. 다음 사료도 김유신의 첩보망이 어느 정도였는지 잘 보여준다.

유신이 일찍이 중추절 밤에 자제들을 이끌고 대문 밖에 서 있는데, 문득 서쪽에서 웬 사람이 왔다. 유신은 그 자가 고구려 첩자인 줄 알

고는 앞으로 불러, "너희 나라에 무슨 일이 있는가?"라고 물었다. 그
자는 몸을 굽히면서 감히 대꾸하지 못했다. 유신은 "두려워 말고 사
실을 말하기만 하면 된다"고 했다. 역시 말이 없었다. 유신은 그 자에
게 "우리나라 국왕은 위로는 하늘의 뜻을 어기지 않으며 아래로는 인
심을 잃지 않으매, 백성들이 기뻐하고 모두 즐겁게 자신들의 일에 종
사하고 있다. 지금 네가 본 대로니 가서 너희 나라 사람들에게 알려
라"고 말해주었다. 그러고는 마침내 살려 돌려보냈다. 고구려 사람들
이 이 이야기를 듣고는 "신라가 나라는 작으나 유신과 같은 재상이
있는 한 가볍게 여길 수 없다"고들 했다.

권42 「열전」 제2 '김유신열전'(중)

이 사건의 연대는 정확하지 않지만 열전의 앞뒤 내용으로 보아
660년 이후로 추정되는데, 8월 보름날 자제들을 데리고 달구경을
나왔던 김유신이 서쪽에서 오는 사람을 보고 단번에 첩자인줄 알
아채고는 그를 불러 훈계한 다음 다시 고구려로 돌려보냈다는 내
용이다. 이 대목이 김유신의 신통력을 말하고자 한 것이 아니라면,
적국의 첩자에 대응하는 김유신의 방첩망이 얼마나 치밀했는가를
잘 보여주는 기록으로 이해할 수 있다. 김유신은 첩자를 붙잡아 신
라를 함부로 깔보지 말라고 훈계하고 고구려로 돌려보내 이 말을
전하게 했다. 이는 대적국 홍보 전략의 일환으로 적국의 첩자를 활
용한 사례인데, 고구려 첩자는 무엇보다 김유신의 방첩망에 놀랐
을 것이고, 이에 대한 보고를 받은 고구려 고위층 또한 김유신의
첩보망에 혀를 내둘렀을 테다.

그렇다면 김유신의 첩자 조직의 근간은 무엇이었을까? 현존하

는 사료로 볼 때 김유신과 관련된 첩자 기록들은 신라라는 국가적 차원에서 이루어진 것이 아닌 김유신 개인 차원의 성격이 짙다. 그렇다면 김유신은 자신의 휘하에 별도의 첩자 조직을 두었다는 말인데, 이 조직의 구성원들이 궁금해지지 않을 수 없다. 이와 관련하여 박순교가 「김춘추의 집권과정 연구」에서 언급한 다음과 같은 대목을 주목하지 않을 수 없다.(표현의 일부를 문맥에 손상이 가지 않는 범위 안에서 수정했음)

642년 겨울 김유신이 고구려에 갇힌 김춘추를 구출하기 위해 동원하였던 보·기병 1만은 비담의 난이 진압된 이후인 647년 10월 백제군과 싸우는 김유신의 주된 무력 기반이었다.(권5 「신라본기」 제5 '진덕왕' 원년조) 이처럼 642년 김춘추를 구출한다는 이유로 거느린 1만의 군사는 647년 상주장군이 되어서도 거느렸던, 사적 지휘와 훈령체계 하에 있는 사병적 군단으로서의 성격을 강하게 보여준다. 이런 사적 군단으로서의 성격은 공적인 훈령체계가 아닌, 오로지 김유신과의 개인적 신임과 유대관계 때문에 여러 명이 목숨을 바치거나 어려운 임무를 마다하지 않은 사실에서도 확인된다. 예컨대 비령자의 아들 거진, 종 합절이 같은 전투에서 다 함께 전사한 것이나(권47 「열전」 제7 '비령자열전'), 조미곤이 김유신의 특명에 따라 첩자로 활동한 것(권42 「열전」 제2 '김유신열전' (중)) 등은 모두 김유신과의 개인적 믿음을 바탕으로 한 것이었다. 특히 비령자는 자신을 알아주는 사람(즉 김유신)을 위해, 아들 거진은 아버지를 위해, 종 합절은 주인을 위해 죽었으나 결과적으로는 모두 김유신의 승리를 위해 목숨을 바쳤다는 점에서 동일하다.(권43 「열전」 제3 '김유신열전' (하)) 또한 김유신이 당

시의 엄격한 신분제에 구애받지 않고 신분이 다른 합절을 포함한 세 사람을 모두 합장한 점은 이들의 사병적 성격을 더욱 뚜렷하게 드러낸다. 일가의 부자와 가노가 동시에 출전했다는 사실도 김유신과의 유대관계에 따라 김유신을 축으로 하는 주력군에 속한 것으로 볼 수 있다. 더욱이 김유신은 휘하의 구근이나 열기에게 직접 급찬 벼슬을 내렸고, 왕에게 사찬 벼슬까지 주도록 간청하였다. (권47 「열전」 제7 '열기열전')

김춘추의 고구려행 이후 김유신은 사병 성격이 강한 군대를 거느렸고, 이들 중에서 결사대나 첩자 등을 뽑아 훈련시킨 것으로 보인다. 사실 김유신과 관련한 직접적인 첩자 기록 대부분이 642년 김춘추의 고구려행 이후라는 사실도 이러한 추측을 강력하게 뒷받침한다. 즉 642년까지만 해도 김유신은 국가 차원의 첩자 조직을 활용하여 첩보 활동을 전개해왔으나, 그 후로 정부나 권력의 견제를 받지 않는 사병 성격이 강한 주력군을 소유하면서 개인 차원의 첩보 조직과 첩보망을 구축, 여러 방면에서 큰 힘을 발휘했던 것이다.

이제 살펴볼 조미곤의 경우는 김유신이 첩자를 어떻게 양성하고 활용했는지를 잘 보여준다. 특히, 김유신의 첩보망은 백제 지도층 깊숙이 침투해 있었으며, 그에 따른 첩자의 활동은 결국 백제를 멸망시키는 데 상당히 중요한 작용을 했다는 사실도 확인할 수 있을 것이다. 먼저 관련 기록을 검토해보자. 사료가 좀 길지만 꼼꼼하게 음미할 만하다.

이에 앞서 급찬 조미곤이란 자가 부산현 현령으로 있었는데, 백제

에 포로로 잡혀가 좌평 임자의 집에서 종노릇을 하고 있었다. 부지런히 일하면서 게으름을 피우는 법이 없었다. 임자가 그를 의심하지 않고 마음대로 출입하게 했다. 이에 도망쳐서 돌아와 유신에게 백제에서의 일을 알렸다. 유신은 조미곤이 충성스럽고 정직한 것이 쓸 만하다고 판단하여, "듣자 하니 (좌평) 임자가 백제의 일을 전담하고 있다는데 함께 의논하고 싶어도 계제가 없었다. 네가 나를 위해 다시 돌아가서 내 말을 전해라"고 말했다. (조미곤은) "공께서 저를 불초하게 여기시지 않고 일을 시키시니 죽어도 후회하지 않겠습니다"라고 답했다. 그러고는 다시 백제로 들어가 임자에게, "제가 이미 이 나라 국민이 되었으니 나라의 습속을 알아야 하겠다고 생각해서, 나가서 수십 일 동안 돌아다녔습니다. 그러나 개와 말이 주인을 생각하는 마음을 견딜 수 없어 다시 돌아왔습니다"라고 말했다. 임자는 이 말을 믿고 나무라지 않았다. 틈을 보던 조미곤은, "지난번에는 벌을 받을까 봐 감히 바로 말씀을 드리지 못했사옵니다. 사실은 신라에 갔다가 돌아왔사온데, 유신이 저에게 다시 가서 공께 '나라의 흥망이란 미리 알 수 없는 일이니, 그대의 나라가 망하면 그대가 우리나라에 의지하고, 우리나라가 망하면 내가 그대의 나라에 의지하도록 하는 것이 어떠냐?'고 전하라 했습니다." 임자는 듣기만 하고 말이 없었다. 조미곤은 황공해 물러나와 벌이 떨어지기를 기다렸다. 두어 달이 지난 다음 임자가 불러, "지난번 네가 전한 유신의 말이란 것이 어떤 것이었지?"라고 물었다. 조미곤은 놀라움 반 두려움 반으로 전에 말한 대로 대답해주었다. 임자는, "네가 전한 말을 잘 알았으니 가서 (유신에게) 알리도록 해라"라고 말했다. 마침내 (조미곤은) 돌아와서는 (백제의) 이런저런 일들을 소상하게 알리니 (백제를) 합병할 계획을 더욱 서둘

러 추진했다.

권42 「열전」 제2 '김유신열전' (중)

위 기사는 백제의 최고 관직에 있는 좌평 임자를 포섭하는 내용인데, 이 과정에서 조미곤이란 첩자를 이용하는 김유신의 첩자 활용술이 대단히 돋보인다. 김유신은 백제에 포로로 잡혀갔다가 탈출한 조미곤을 특별 훈련을 시켜 다시 백제로 돌려보낸다. 이때 특별 훈련이란 사상 교육을 비롯하여 첩자가 갖추어야 할 기본기 같은 것이다. 떠나기에 앞서 조미곤이 보여준 굳은 결의는 철저한 사상 교육의 결과로 보이며, 조미곤이 백제 좌평 임자를 포섭하는 과정을 보면 그가 언변을 비롯하여 첩자로서 갖추어야 할 기본기까지 철저하게 학습한 것으로 추정할 수 있다. 또 유신의 놀라운 제안을 임자에게 전달한 조미곤이 임자의 즉각적인 반응이 없음에도 불구하고 백제에서 빠져나오지 않고 두 달 이상을 더 기다렸다는 것도 조미곤이 첩자로서 확실한 교육과 훈련을 받았음을 입증하고 있다.

김유신의 첩보망은 이렇듯 백제 최고층까지 침투해 있었다. 그 목적은 말할 것도 없이 백제를 합병하기 위함이었다. 그로부터 얼마 뒤 백제가 그렇게 무기력하게 무너진 것을 보면, 백제 지배층에 대한 김유신의 첩보전이 크게 주효했음을 알 수 있다. 성충과 같은 백제의 충성스러운 신하들이 별다른 죄도 없이 옥에 갇힌 것도 어찌 보면 신라 첩자들의 치밀한 이간 활동에 따른 결과가 아닐까 하는 생각도 해보게 된다. 『손자병법』이나 『육도』가 모두 적의 고위층을 상대로 한 첩자 활동을 중시하고 강조한 것도 결국은 이러한 첩자 활동의 성공 여부가 국가의 흥망과 직결될 수 있음을 깊게 인

김유신묘와 사당 살아서는 삼국 통합의 주역으로 추앙받았고, 죽어서는 흥무대왕으로 추존되는 최고
의 명예를 누렸던 김유신은 사실 전쟁터에서 대부분을 보냈고 그 과정에서 그의 첩보력이 눈부신 역할
을 했다.

식했기 때문이다.

김유신 역시 이 점을 누구보다 잘 알고 있었고, 그러기에 그의 첩자 활용이 돋보일 수밖에 없는 것이다. 그리고 당시 왕이었던 김춘추는 김유신의 이 같은 첩보 상황을 보고받고 그에 알맞은 대응책을 강구했던 것 같다. 따라서 『삼국유사』의 "신라의 태종(김춘추)은 백제에 괴변이 많다는 말을 듣고는 경신년(660)에 김인문을 당나라에 사신으로 보내 군사를 청하게 했다"(「기이」 제1 '태종 춘추공')는 대목은 백제 통치층 내부 정황에 대한 정확한 첩보를 바탕으로 한 조치였음이 틀림없다.

'음험하기가 사나운 독수리 같았던' 김유신과 그의 첩보망이 결국은 백제를 무너뜨리고 고구려를 쓰러뜨렸다. 김유신에 대한 단재의 평가는 시각을 달리해서 보면 김유신에 관한 그 어떤 평가보다 정확하게 정곡을 찌른 것이다. 이렇게 본다면 『삼국유사』 '태공 춘추공' 조에서 "왕(김춘추)은 김유신과 함께 신통한 꾀와 힘을 합하여 삼한을 통일했다"고 한 대목의 '신통한 꾀'는 단재가 말한 '음험'이니 '음모'니 하는 표현과 일맥상통하며, 이는 결국 필자가 강조해온 김유신의 남달랐던 첩자 활용과 첩보술의 다른 표현이라 할 것이다.

누가 뭐라 해도 역사는 현실이며, 특히 생사존망이 걸린 투쟁의 와중에서는 그 현실을 누가 더 절박하게 받아들이느냐에 따라 승부가 갈릴 수밖에 없다. 그런 점에서 김유신의 첩자 활용은 주목받아야 하며, 다양한 각도에서 평가해야 할 연구 테마다.

◉ 당으로 방향을 바꾼 신라의 첩보망

삼국을 통합한 후 신라는 한반도를 통째로 집어삼키려는 당의 야욕에 맞서기 위해 첩보망의 방향을 당으로 돌릴 수밖에 없었다. 이른바 나·당 전쟁이 일촉즉발의 상황으로 치닫고 있었다. 『삼국유사』에는 『신라고전』을 인용하여 당시 당의 야욕과 이에 대한 신라의 대응을 이렇게 기술하고 있다.

소정방이 이미 고구려와 백제 두 나라를 치고 다시 신라를 칠 목적으로 머물러 있었다. 이에 김유신이 그 계획을 알아차리고 당나라 군사에게 향응을 베풀고 짐독이란 독주를 먹여 모두 죽인 다음 땅에 묻었다.

「기이」 제1 '태종 춘추공'

여기에서도 김유신의 첩보망이 위력을 발휘하고 있음을 볼 수 있다. 당의 야욕을 첩보를 통해 파악한 신라는 강경하게 맞섰다. 다음 기록 역시 이와 관련된 『삼국유사』의 기록이다.

이때 당나라 유병(游兵)과 여러 장병들 가운데 진영에 머물면서 기회를 보아 신라를 습격하려고 꾀하는 자가 있었다. 왕(문무왕)은 이 계획을 눈치채고 군사를 일으켰다.

「기이」 제2 '문무왕 법민'

위 기록에 보이는 당의 '유병'은 흔히 유격병으로 해석하지만,

매소성 전투 7세기, 신라와 당나라 간에 벌어진 매소성 전투 상상도. 신라는 삼국을 통일한 후, 고구려와 백제에 집중했던 첩보망을 한반도에 대한 야욕을 드러낸 당나라로 돌렸다.

첩자와 관련시켜보면 첩자의 별칭인 유사(游士) 내지 유정(游偵)이 떠오른다. 유사나 유정은 국내외를 돌며 선전과 정찰을 목적으로 한 군사나 사신을 말하는데, 『삼국유사』의 유병도 이와 같은 성격으로 볼 수 있다. 즉 당은 신라의 동태를 정찰하기 위한 전담병으로 유병들과 정규병을 상당수 신라에 그대로 주둔시켜 기회를 엿보고 있었던 것이다. 신라는 이러한 상황을 첩보를 통해 확인하고 선수를 친 것이다. 이것이 668년 고구려를 멸망시킨 직후였다. 상황은 이것으로 끝나지 않았다.

이듬해인 669년 당 고종은 사신을 보내 김인문 등을 불러들여 어째서 당을 상대로 군사 도발을 일으켰냐며 다그쳤다. 그러고는

매소성 신라는 매소성(현 경기도 연천) 전투에서 승리함으로써 당군을 축출할 수 있었고, 여기에도 김유신의 첩보망이 발휘되었다.

김인문을 옥에 가두고 50만 군사를 훈련시켜 신라를 정벌할 준비를 갖추었다. 간신히 삼국을 통합한 신라로서는 엄청난 위기가 아닐 수 없었다. 그런데 당이 신라를 정벌하기 위해 대군을 훈련시키고 있다는 정보는 당에 유학 가 있던 의상 대사에 의해 신라에 전해진다. 의상 대사가 옥에 갇힌 김인문을 면회 갔다가 상황을 전달받고 서둘러 귀국한 것이었다. 신라는 의상 대사의 첩보에 따라 대응책 마련에 들어갈 수 있었다.(『삼국유사』 위와 같음)

이렇듯 삼국 통합 후 신라는 불과 얼마 전까지만 해도 우방이자

연합군이었던 당의 야욕에 맞서지 않을 수 없었다. 이는 어떤 면에서는 통합 전쟁보다 더한 위기 상황이었다. 이에 따라 신라의 첩보망은 전방위로 작동되지 않을 수 없었고, 그 역할은 전문 첩자 요원에게만 한정되지 않았다. 그렇기에 당에 불법을 구하러 갔던 승려 의상조차 서둘러 귀국하여 당의 상황을 보고했던 것이다.

이로써 첩자, 첩보 조직, 첩보망은 궁극적으로 국가의 안위와 생존을 위해 작동하며, 극한 상황에서는 누구든 첩자의 역할을 할 수 있음을 재삼 확인할 수 있다.

◉ 그 밖의 다양한 신라 첩자들

신라의 첩자 활동에 관한 기록은 김유신이 큰 부분을 차지하고 있다. 이는 역사 기록의 한계다. 삼국을 통합하는 데 절대적인 역할을 했던 김유신에 대한 기록은 역사적 사실로서 뿐 아니라 각종 설화와 전설로 윤색되고 과장되어 후대에 전해졌기 때문에 고려시대에 편찬된 『삼국사기』와 『삼국유사』에서 이런 요소들을 다 걸러내기 힘들었을 것이다. 또 그사이 인멸된 자료들도 상당했다.

그럼에도 불구하고 신라의 첩자 기록은 다양하고 흥미로운 요소들을 많이 내포하고 있는 것 또한 사실이다. 이는 우리가 이미 살펴본 바다. 이제 단편적으로 남은 신라의 첩자 관련 기록들을 스케치하듯 살펴보는 것으로 신라 첩자에 대한 검토를 마무리짓자.

첩자 실습을 자청한 거칠부　거칠부(502~579 진지왕 4)는 내물왕

의 5대손이자 진흥왕 때 장군으로 활약한 인물이다. 545년에는 왕
명으로 『국사(國史)』를 편찬하는 일을 주관하기도 했다. 진흥왕순
수비 중 황초령비와 마운령비에 그의 이름이 새겨진 것으로 보아
진흥왕 당대에 상당한 영향력을 발휘한 인물임을 짐작할 수 있다.
576년 진지왕이 즉위하면서 최고 관등인 상대등에 올라 국정을 주
관하다 579년에 78세로 죽었다.

거칠부는 특이한 이력의 소유자다. 신라 왕족 출신으로 출세가
보장되어 있음에도 불구하고 젊은 날 머리를 깎고 승려가 되어 천
하를 유람하다 고구려에 들어가 고구려의 상황을 살피는 모험을

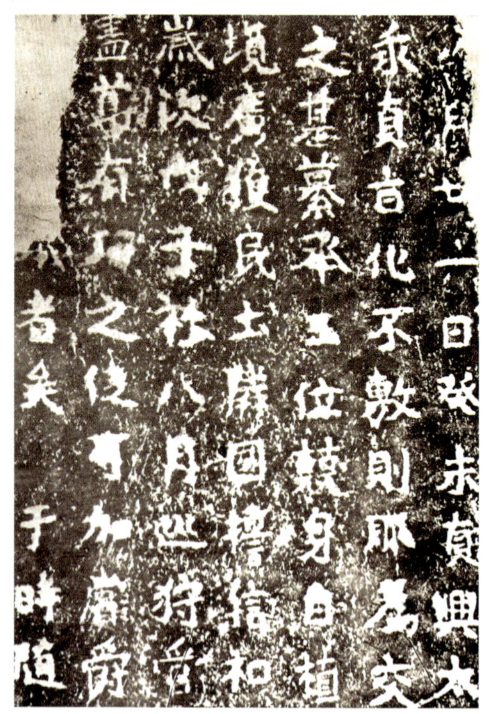

황초령비 탁본
젊은 날 승려로 위장하여 고구
려 정세를 염탐하는 첩자 활동
을 벌였던 거칠부는 그때의 경
험과 정보를 바탕으로 훗날 고
구려와의 전투에서 큰 역할을
해냈다. 사진은 그의 이름이 기
록되어 있는 황초령비다.

감행했다. 그는 고구려에서 법사 혜량을 만나 그의 강연을 듣고 스승으로 모셨다. 혜량은 거칠부의 신분이 탄로날 것을 두려워해 거칠부에게 귀국을 종용하면서 훗날 군대를 이끌고 고구려에 오게 되면 자신을 돌봐달라고 당부했다. 훗날 거칠부는 장수가 되어 고구려 땅을 공격하여 10개 군을 차지했고 이때 스승 혜량을 신라로 모셔오게 되었다.

『삼국사기』에 나오는 그의 열전을 보면 거칠부는 '고구려를 정찰하기 위해' 고구려 경내에 들어갔다고 되어 있다. 원문에는 '첨(覘)'으로 표현되어 있는데, 이 글자가 첩자와 관련이 있음은 첩자와 관련된 역대 용어들을 추적해보면 쉽게 확인할 수 있다. 아무튼 거칠부는 왕족의 신분으로 스스로 첩자 노릇을 자청한 특별한 인물이었고, 이때 수집한 고구려에 대한 정보와 경험이 훗날 장수가 되어 고구려 땅을 공격하여 상당한 영토를 확보하는 데 적지 않은 도움이 되었을 것이다.

고구려와 내통한 내간 비삽 660년(태종 무열왕 7) 백제가 멸망했다. 위기를 느낀 고구려는 그해 11월 신라의 칠중성을 공격했다.('필부열전'에는 10월로 나옴) 신라는 이 전투에서 고전을 면치 못했고 급기야 군주 필부가 전사했다. 그런데 신라가 이 전투에서 패한 데에는 내부 첩자의 역할이 컸다. 즉 고구려와 내통한 내나마 비삽이 몰래 사람을 고구려에 보내 성안의 식량 사정 등을 알림으로써 퇴각하려던 고구려가 이 정보를 바탕으로 재차 맹공을 퍼부었던 것이다. 필부는 비삽이 고구려와 내통한 첩자임을 알고 그의 목을 베어 성밖으로 던지며 병사들의 사기를 북돋우면서 결사 항

칠중성에서 본 임진강 임진강 남쪽 경기도 파주시 감악산 주변의 산성으로 추정되는 칠중성은 고구려
와 신라가 치열하게 싸웠던 곳이다.

전했지만, 워낙 전력을 크게 손상한데다가 바람을 이용한 적의 화
공 등을 견디지 못하고 결국 여러 장수들과 함께 전사했다.

  이것은 백제 멸망 직후 벌어졌던 고구려와 신라의 칠중성 전투
에 첩자가 개입되어 있었음을 보여주는 사건이다. 그것도 17관등
중 제10위에 해당하는 대나마 벼슬에 있는 자를 고구려가 포섭하
여 중요한 정보를 입수한 것이었다. 고구려는 신라 관리를 내간으
로 이용하여 요충지의 하나인 칠중성을 차지할 수 있었다.(『삼국사
기』 권47 「열전」 제7 '필부열전')

　신라는 고구려에 빼앗긴 칠중성을 그로부터 7년 뒤인 667년 당과 함께 고구려에 대대적인 공격을 가하면서 탈환하는데, 공교롭게 이때도 첩자가 등장한다. 이 해 당의 대총관 이적이 고구려의 요동을 공격한다는 소식을 접한 문무왕은 직접 한산주까지 와서 군사를 북쪽 경계(고구려의 남쪽 경계)로 보내 상황을 살피게 했다. 말하자면 남북에서 고구려를 협공할 준비를 한 것이다. 그러나 당의 움직임이 확실치 않은 상황에서 섣불리 고구려 경내로 들어갈 수 없어 문무왕은 먼저 '세작(細作)'을 세 차례나 고구려로 보내 보다 정확한 상황을 염탐케 하여 당군이 아직 평양에 이르지 않았음을 확인한다. 여기서 말하는 '세작'이란 첩자의 다른 이름이다. 이에 신라군은 먼저 칠중성을 공격하여 길을 열고 당군을 기다렸다.

　이 당시 신라가 고구려로 보낸 세작은 적의 형편이나 지형 등을 살피는 척후의 성격이 강하다. 그러나 척후 역시 첩자의 다른 이름으로 첩자의 범주에 포함되기는 마찬가지다. 참고로『삼국사기』등 우리 쪽 기록에 세작이 등장하는 경우는 이때가 유일하다.(이상 『삼국사기』권7「신라본기」제7 '문무왕' 7년조)

치정을 이용한 첩자　우리는 앞서 김춘추의 고구려행에 영향을 준 사건으로 백제와 신라의 대야성 전투를 거론한 바 있다. 이 전투에서 신라는 김춘추의 사위이자 도독 김품석과 그 가족이 몰살하는 등 치욕적인 패배를 당했다. 그런데 신라와 김춘추에게는 전투에서의 패배보다 더 수치스러운 일이 있었다. 그것은 다름 아니라 품석이 그의 참모였던 검일의 아내를 탐해 불륜을 저지르고, 이에 분노한 검일이 신라인으로서 백제로 도망친 모척과 공모하여 백제와

내통함으로써 대야성이 함락당한 것이었다. 품석의 사사로운 욕심이 결국은 큰 화를 불렀다.

> 일찍이 도독 품석은 (자신의) 막객 검일의 예쁜 아내를 보고는 빼앗은 적이 있었다. 검일은 이 일에 한을 품었다. 이에 (적과) 내통하여 창고를 불지르고 (하략)
>
> 권47 「열전」 제7 '죽죽열전'

이 사건은 김춘추에게는 잊을 수 없는 치욕으로 남았다. 그 후 김춘추는 역경을 딛고 자신의 정치적 입지를 더욱 강화한 다음 왕위에 오르는 데 성공한다. 그리고 즉위 7년째 되던 660년 8월 2일 마침내 백제를 멸망시켰다. 그런데 바로 그날 김춘추는 자신의 딸과 사위를 죽음으로 몰았던 그때의 두 원흉(?)을 잡아 죽임으로써 원한을 갚았다.

> 이날 (8월 2일) 모척의 목을 베었다. 모척은 본래 신라 사람인데, 백제로 도망가서는 대야성의 검일과 함께 짜고 성을 함락케 했기 때문에 목을 벤 것이었다. 또 검일을 잡아서는, "너는 대야성에서 모척과 함께 짜고 백제병을 끌어들인 다음 창고를 불살라 성 안의 식량을 끊어지게 함으로써 (우리를) 패배케 한 것, 이것이 그 첫 번째 죄다. 품석 부부를 윽박질러 죽인 것, 이것이 두 번째 죄다. 또 백제와 더불어 본국을 공격한 것, 이것이 세 번째 죄다"라고 죄목을 낱낱이 열거하고는 사지를 찢어 시체를 강에 던져버렸다.
>
> 권5 「신라본기」 제5 '무열왕' 7년조

대야성 사건은 남녀 간의 치정이 얽힌 스캔들이었지만, 거기에도 첩자가 개입되어 있음을 볼 수 있다. 또 '첩자가 파고들지 못할 틈은 없다'는 아주 평범한 원칙을 새삼 확인시켜주는 사건이었다. 그리고 그 틈이란 결국 자기 통제에서 벗어난 인간의 본능이나 욕심과 관련이 있다. 그 틈이 커질 경우 국가는 내분에 빠지고 그 결과는 멸망으로 직결된다.

향간(鄉間)의 사례 『손자병법』「용간」편에서는 첩자의 종류를 다섯 가지로 분류하면서 '향간'을 첫째로 꼽았다. 향간이란 연고지(고향)의 사람을 첩자로 활용하는 경우나 첩자를 말한다. 『삼국사기』에는 드물게 향간으로 보이는 기록이 남아 있다. 때는 662년(문무왕 2) 김유신이 고구려를 공격하다 식량 부족으로 위기에 빠진 소정방의 군대에게 식량을 보급할 당시다. 관련 기록을 보자.

> 유신 등이 행군하여 양오(지금의 강동)에 당도하여 한 노인을 만나 물으니 노인은 적국(고구려)의 소식을 상세히 말해주었다. 이에 옷감을 주었으나 사양하고 받지 않은 채 떠났다.
>
> 권42 「열전」 제2 '김유신열전'(중)

노인으로 표현된 이 인물은 향간일 가능성이 커 보인다. 군량 부족으로 곤경에 처해 있던 소정방에게 군량을 전달하기 위해 고구려 땅으로 들어간 김유신으로서는 적진의 상황 파악이 무엇보다 시급했고, 이때 연고지에 심어놓은 향간의 역할은 대단히 중요했다. 김유신은 향간으로 보이는 노인의 정보를 얻어 무사히 소정방

에게 군량을 전했다. 그런데 김유신의 동정이 고구려 척후병이나 첩자들에 의해서도 탐지되었던 것 같다. 이어지는 기록을 보면 김유신의 군대가 본국으로 귀환하는데 고구려 복병들이 기습을 가했다고 되어 있기 때문이다. 당시 쌍방 간에 긴박하게 전개되었던 첩보전의 양상을 또 한 번 확인하게 된다.

짧지만 강한 백제의 첩자 기록

우리는 앞에서 고구려와 신라의 첩자 활동에 관한 적지 않은 기록들을 검토하여 당시 삼국 간에 얼마나 치열한 첩보전이 전개되었는지 유추해보았다. 특히 김유신은 첩자의 작용과 첩보전을 중요시했는데, 물론 첩자에 대한 심각한 인식은 기록상의 차이만 있을 뿐이지 다른 나라들도 마찬가지였을 것이다. 따라서 사료의 많고 적음이나 치밀성 여부를 가지고 삼국의 첩보 수준을 비교해서는 안 된다.

그럼에도 불구하고 첩자와 관련한 백제의 기록은 안쓰러울 정도로 열악하다. 그나마 전해오는 사료의 내용도 고구려나 신라의 첩자에 당한 것들이 대부분이어서 표면적으로 볼 때 백제는 첩자 활용에 관한 한 상당히 뒤떨어지는 듯하다. 그러나 이는 어디까지나 사료상의 한계이지 실상은 그렇지 않았을 것이다. 첩자 활용이나 첩보에 성공한 쪽의 기록이 남았다는 것은 곧 실패한 쪽의 기록도 남았다는 말이기 때문이다. 따라서 신라 쪽에 유리한 기록이 많이 남을 수밖에 없는 역사의 한계를 전제하고 백제의 첩자 기록을 보아야 한다.

이미 살펴본 바와 같이 백제는 위덕왕 때인 598년 중국 수 왕조가 고구려를 공격한다는 정보를 듣고 향도를 자청한 바 있다. 향도는 첩자의 일종으로 군대를 안내하는 길잡이를 말한다. 위덕왕은

수의 힘을 빌려 고구려를 효과적으로 공격하기 위해 스스로 길 안내를 맡은 것이다. 여기에는 물론 고구려에 대한 첩보 활동도 포함되어 있었을 것이다. 그러나 백제의 이 제안은 수의 군대가 맥없이 고구려에게 패하는 바람에 유야무야되었고, 그 후 이 사실을 알게 된 고구려의 공격을 받아 백제는 큰 곤경에 처했다.

598년 수와 고구려의 1차 전쟁은 6월에 있었고, 백제의 향도 역할 제안은 9월에 있었는데, 고구려의 백제 공격은 거의 이와 동시에 이루어졌던 것 같다. 그만큼 고구려의 정보력이 뛰어났음을 증명하는 대목이다.

그로부터 13년 뒤인 611년(무왕 12) 고구려와 수의 2차 전쟁의 분위기가 무르익을 무렵 백제는 또 한 번 수나라에 고구려 토벌을 요청한다. 이때 수 양제는 지난번과는 달리 백제에 고구려의 동정을 엿보는 첩보 활동을 요구한다. 하지만 백제 무왕은 지난번 교훈을 거울삼아 수 양제의 허영심을 만족시켜주는 한편, 동시에 고구려와도 내통하는 줄타기 외교로 만약의 사태를 비껴갔다.

이상은 중원 정권과 관련된 백제의 대고구려 첩보 활동을 엿보게 하는 단편적 기록들이다. 그런데 기록상 백제의 대고구려 첩자 활동은 이보다 훨씬 이전으로 거슬러 올라갈 수 있다. 다음 기록을 보자.

(근구수왕의 태자 시절) 고구려인 사기는 본래 백제인으로 나라에서 쓰는 말의 발굽을 상하게 하는 잘못을 범하여 죄를 받을까 두려워 고구려로 도망쳤는데, 이때 다시 돌아와 태자에게 "고구려 군사가 많기는 하나 모두 수만 채운 군사 같지 않은 군사일 뿐입니다. (하략)"

「삼국사기」 권24 「백제본기」 제2 '근구수왕' 즉위년(375)조

위 기록은 근구수왕의 태자 시절 사기라는 자가 고구려로 도망쳤다가 다시 돌아와 고구려의 상황을 첩보하는 내용이다. 사기가 죄를 얻어 고구려로 도망쳤다고는 하나 다시 돌아와 고구려 군대의 상황을 보고한 것으로 보아 위장일 가능성도 없지 않다. 어쨌거나 이 기록은 4세기 후반부터 고구려에 대해 백제가 첩자 활동을 해왔음을 증명하는 것으로 보아도 크게 무리가 없다.

◉ 치열했던 대신라 첩자 활동

백제의 대신라 첩자 내지 첩보 활동에 관한 기록은 신라 쪽에서 이미 보았다. 김유신의 첩자 활동이 돋보였던 649년 도살성 전투에서 백제의 장군 은상이 신라 진영에 보낸 첩자는 김유신의 방첩망에 걸려 반간으로 역이용당하긴 했지만 백제의 첩자 활동을 명백히 보여주는 사례다.

백제의 대신라 첩보 활동에서 가장 성공한 사례는 김춘추의 사위 김품석을 죽인 대야성 전투일 것이다. 치정과 원한이 겹친 스캔들 성격이 짙은 사건이었지만, 백제는 대야성의 상황을 신라에서 망명한 첩자 모척 등을 통해 예의주시하고 있었음에 틀림없다. 이 전 과정은, 적국의 망명자 수용(이 경우 모척) → 첩자로 양성 → 적국으로 파견 → 요충지(이 경우 대야성)나 요인(이 경우 품석) 감시·염탐 → 중요한 첩보 확인 → 관련자 포섭 및 매수 → 내통 → 군사 공격 → 승리에 이르는 전형적인 첩보전을 방불케 한다.

훗날 백제를 멸망시킨 김춘추는 멸망 당일 모척과 검일을 잡아

처형하여 개인적 원한을 갚긴 했지만, 그렇다고 대야성에서 벌어진 치정과 백제의 첩보 활동으로 인한 대야성 함락이라는 수치가 말끔히 씻겨진 것은 결코 아니었을 것이다.

◉ 바다 건너 왜에까지 첩자를 심어놓다

신라가 왜에 첩자를 보냈다는 기록은 앞서 『일본서기』를 통해 확인한 바 있다. 그런데 박제상의 행적에서 우리는 흥미로운 사실을 확인할 수 있었던 바, 그것은 다름 아닌 왜에 침투해 있는 백제 첩자의 존재였다. 다시 한 번 그 기록을 보도록 하자.

(박제상이) 바로 왜국으로 들어가서 (본국을) 배반하고 온 사람처럼 했는데 왜왕이 의심하였다. 백제인으로 전에 왜에 들어가 신라가 고구려와 더불어 왜왕의 나라를 침공하려 한다는 일을 일러준 적이 있는데, 왜가 군사를 보내 신라 국경 밖에서 순찰을 하게 했다. 그런데 마침 고구려가 와서 왜의 순찰군을 모두 잡아 죽이니 왜왕은 이에 백제인의 말을 사실로 여겼다. 또 (왜왕은) 신라왕이 미사흔과 제상의 가족을 가두었다는 말을 듣고 제상을 정말 신라를 배반한 사람으로 여겼다.

『삼국사기』 권45 「열전」 제5 '박제상전'

위 사료에 보이는 백제인은 틀림없는 첩자다. 그런데 왜에 침투한 이 백제 첩자는 표면적으로는 왜를 위하여 일한 것처럼 보이지

만 신라가 제공한 박제상에 관한 거짓 정보도 왜에 흘리는 등 비교
적 자유롭게 이쪽 저쪽으로 정보를 전달한 것 같다. 요즘 식으로
말하자면 프리랜서에 가까웠다고나 할까? 백제의 첩자 활용이나
첩보력이 만만치 않았음을 보여주는 좋은 자료라 할 수 있다.

 부흥군의 첩자 사마 예군

백제의 첩자 활동은 나라가 망한 뒤에도 계속되었다. 비록 부흥
군의 단편적인 첩보 기록이긴 하지만, 다음 사료는 백제의 첩보망
이 멸망 후에도 작동되고 있었음을 보여준다.

> 문무왕 10년(670) 7월, 왕이 백제의 남은 무리가 반발할까 의심하
> 여 대아찬 유돈을 웅진도독부에 보내 화의를 청하였으나 듣지 않고
> 사마 예군을 보내 엿보게 하였다.
>
> 『삼국사기』 권6 「신라본기」 제6 '문무왕' 10년조

문무왕이 부흥군의 움직임에 민감하게 반응하면서 고위직 관리
유돈을 보내 무마시키려 했으나 부흥군은 오히려 사마 벼슬에 있
는 첩자 예군을 보내 신라의 상황을 염탐하게 했다는 내용이다. 이
첩자 활동이 어떤 결과를 가져왔는지 기록에 남아 있지 않지만, 백
제는 멸망한 뒤에도 부흥군 조직을 이용하여 첩보 활동을 계속하
는 등 끝까지 저항했던 듯하다.

첩자들의 전성 시대

첩자 활동이나 첩보 대상은 아무래도 긴장, 갈등, 적대 관계에 있는 국가에 집중될 수밖에 없다. 고구려는 수·당을 비롯한 중원 정권이나 주변 소수민족 정권, 그리고 삼국 간의 투쟁이 치열해지면서 백제와 신라가 첩보 상대국이 되었다. 반면 백제와 신라는 입지적 한계 때문에 고구려에 비해서는 대상이 많지 않았다. 백제는 고구려와 신라가 주된 상대였고, 신라는 백제와 가야 및 왜가 주된 상대였다. 삼국 말기에 오면 고구려에 대한 첩보전이 주요 활동이 되었다.

기록의 한계상 삼국시대 첩자 활동은 삼국 간 그리고 수·당이 주요 대상국으로 나타난다. 그것도 삼국시대 막바지에 집중되어 있다. 이 때문에 삼국 간이 아닌 삼국을 대상으로 한 주변국의 첩자 활동이나 첩보전과 관련된 기록은 단편적일 수밖에 없다. 그러나 삼국 간에 전개된 치열한 무력 투쟁에 이들 주변국이 깊숙이 개입했던 만큼 상호 간의 첩자 활동이나 첩보전은 불가피했을 것이다.

400년에 가까운 대분열기를 거친 중국이 589년 수에 의해 통일되면서 당시 국제정세는 아연 긴장감이 돌기 시작했다. 오랜 기간 다자외교의 틀 속에서 전개해온 삼국의 외교와 첩보 활동이 전면적인 변화를 맞이하는 상황이었다. 특히 수와 당의 첩자 활용이나 첩보력은 당시로서는 타의 추종을 불허할 정도로 막강했다. 수나

라는 배구라는 걸출한 정보 이론가가 출현하여 첩보의 새로운 경지를 개척했고, 이를 서역 여러 정권에 대해 실제로 활용하여 큰 효과를 보았다. 수나라가 고구려 정벌을 천명하면서 내세운 명분 중에 고구려의 첩자 활동 내지 첩보망을 거론한 것도 첩보전에 대한 수나라의 인식을 반영한다. 그리고 수 양제는 앞서 검토한 바와 같이 2차 고구려 전쟁 때는 백제의 첩보망을 이용하여 고구려를 견제하려는 의도도 보였다.

이렇듯 첩자와 첩보의 중요성을 잘 알고 있었던 수 정권이 공교롭게도 을지문덕을 중심으로 한 고구려의 용병술과 첩보력에 밀려 멸망을 재촉했다는 사실도 흥미롭다. 다시 한 번 강조하지만, 첩자와 첩보가 국가의 안위 내지 존망에 영향을 미친다는 『손자병법』의 논리는 첩자 연구에서 '헤드 카피'와 같다.

당은 수의 실패를 거울삼아 대삼국 관계를 보다 신중하게 설정했다. 당 태종의 강경책이 실패로 끝난 다음 당은 국지전과 첩보전 그리고 외교전으로 방향을 선회하고 최종적으로 신라와 손을 잡았다. 사실 당 태종 이세민도 첩자의 중요성을 심각하게 인식했던 인물이었다. 연개소문이 보낸 고구려 첩자 고죽리를 사로잡고도 되돌려보낸 사실은 그가 첩보전에서 반간계와 심리전이 차지하는 비중을 잘 알고 있었음을 보여주는 사례다. 당은 고구려에 대한 첩보망을 다각도로 작동시키고 있었다. 641년 진대덕이란 자는 고구려 관리를 매수하여 고구려의 산천과 지리 등 허실을 상세히 염탐하여 당 태종에게 보고했다. 기록에 따르면 당시 고구려는 이 사실을 눈치 채지 못했다. 당은 고구려 최고 권력층 내부에도 첩자를 심어놓았다. 고구려가 멸망 당시 보여준 지배층

의 내부 분열과 치열한 상호 첩보는 당의 첩자가 벌인 이간책이 주효했음을 잘 보여준다. 고조선이 내분과 한의 이간책으로 멸망하는 모습을 목격했던 고구려도, 지배층의 내분은 적에게 틈을 주고 결국은 멸망에 이르게 한다는 역사의 법칙 앞에서는 무력할 수밖에 없었다.

신라와 손을 잡고 백제와 고구려를 무너뜨린 당은 신라에 대해서도 마찬가지로 첩보망을 가동하고 있었다. '김유신열전'에 보면 신라가 당의 야욕에 대비하고 있는 것을 당 역시 정탐해서 파악하고 있었다는 대목이 나온다.

◉ 가야 · 왜 · 말갈의 대신라 첩보

『삼국사기』「신라본기」에는 초기부터 가야와 왜의 침공 기사가 많이 등장한다. 이와 함께 가야와 왜가 신라를 첩보하고 있었음을 짐작케 하는 기록도 보인다.

왕이 몸소 보병과 기병을 거느리고 가야를 공격하여 황산하를 건넜을 때 가야는 군사를 덤불에 숨겨놓고 기다렸다. 왕이 이를 눈치채지 못하고 직진하자 복병이 일어나 여러 겹으로 포위하니 왕이 군사를 돌려 힘껏 싸워 포위를 뚫고 물러나왔다.

'지마이사금' 4년(115) 7월조

가야가 복병을 숨겨놓고 신라의 군대를 기다렸다는 것은 첩보에

따른 행동일 가능성이 많다. 다음 기록은 왜의 첩자 활동을 짐작케 하는 것이다.

> 수도 사람들이 유언비어를 퍼뜨려 왜병이 크게 쳐들어온다고 하여 다투어 산속으로 도망치니 왕이 이찬 익종에게 달래게 하여 멈추게 하였다.
>
> '지마이사금' 11년(122)

이 기록은 왜의 첩자들이 신라 수도 사람에게 유언비어를 퍼뜨린 것으로 볼 수 있다. 첩자 용어로 말하자면, 적진을 교란하기 위해 '선전'한 것이다.

이밖에 『삼국사기』 권47 「열전」 제7 '소나열전'에는 "말갈의 첩자가 (신라를) 탐지하고 돌아가 추장에게 보고했다"는 기록도 보인다. 이 기록은 675년(문무왕 15) 이후의 상황인데, 아달성 태수 급찬 한선이 아무 날 백성들을 총동원하여 삼을 심는다는 사실을 말갈 첩자가 염탐하여 그날 군대로 기습을 가하고 노략질한 사실을 말한다. 이때 신라의 소나라는 장부가 홀로 말갈 군대에 맞서 싸우다 온몸에 화살을 맞고 장렬하게 전사한다. 말갈과 국경을 접했던 아달성의 위치와 말갈의 존재 등에 대해 명확하게 밝혀진 바가 없지만, 말갈이 첩자를 보내 신라 변경의 상황을 염탐한 사실은 분명해 보인다.

단편적이긴 하지만 삼국 주변의 여러 나라 역시 삼국을 상대로 첩자를 보내어 감시의 눈을 거두지 않았음을 알 수 있다. 상대가 존재하는 한 첩보전은 피할 수 없는 현상이었을 것이다.

◉ 「용간」편에 맞추어본 중국의 대표적인 첩자들

중국의 첩자에 관한 연구는 그 역사가 대단히 오래되었다. 뿐만 아니라 연구 수준도 현대 첩자 이론이나 연구에 견주어 전혀 손색이 없다. 연구의 연속성도 단연 돋보인다. 이러한 첩자 이론과 연구의 원조는 지금으로부터 약 2,500년 전에 출현한 손무(孫武)의 『손자병법』「용간」편이다.

총 13편으로 구성된 『손자병법』의 마지막 편인 「용간」은 첩자의 의미, 종류, 대우, 중요성, 사례 등 첩자에 관한 거의 모든 내용을 망라한 완벽에 가까운 전문 이론이다. 손무는 첩자가 한 나라의 흥망까지 결정할 수 있는 중요한 존재임을 강조하고, 다양한 유형의 첩자들을 유기적이고 복합적으로 활용할 것을 제안한다. 역대 유능한 통치자나 장수들은 모두 첩자 활용에 관한 한 전문가들로 첩자를 활용할 때 극도의 기밀성을 유지했으며, 첩자에 대해서는 늘 후하게 대접했다는 점도 강조한다. 기밀이 발각되려 하거나 탄로났을 때는 해당 첩자는 물론 관련자 모두를 죽여야 한다는 극단적이지만 지극히 현실적인 논리도 보인다.

손무는 구체적으로 첩자의

손무   전문적인 첩자 이론을 남긴 춘추시대 최고의 군사 이론가.

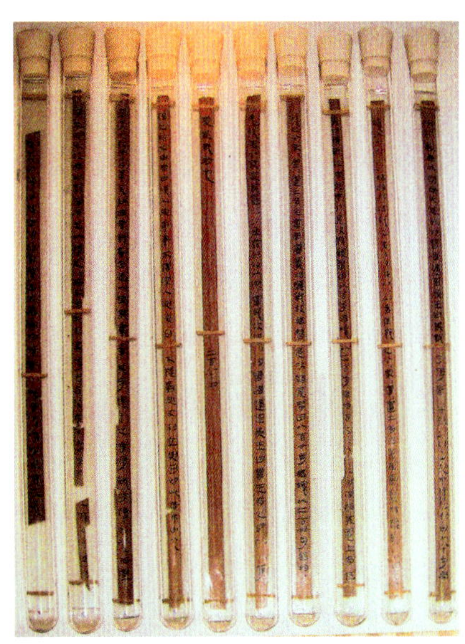

『손자병법』 죽간　세계 최초의 전문적인 첩자 이론이라 할 수 있는 '용간' 편을 수록하고 있는 병법서의 바이블 『손자병법』 죽간의 모습이다.(산동성 임기시 은작산 한묘 박물관)

유형을 모두 다섯으로 나누어 그 특징을 기술하고 있다. 「용간」편에 대해서는 5장에서 비교적 자세히 분석했다. 여기서는 우선 첩자의 역사적 의미나 중요성 등과 관련하여 중국사에 나타나는 구체적인 사례 몇 가지를 소개하여 첩자의 일반적인 인상을 강화해 두고자 한다.

　　나라의 존망을 뒤바꾼 첩자　기원전 284년 제나라는 연나라에서 보낸 소진(蘇秦)의 첩자 행위로 큰 곤욕을 치렀다. 제나라는 연나라의 명장 악의(樂毅)가 이끄는 6국 연합군의 공격을 받아 즉묵성(卽墨城)과 거성(莒城) 두 곳만 남기고 광활했던 영토 대부분을 잃는 처참한 지경에 빠졌다. 제나라 민왕(湣王)은 소진을 사지를 찢어 죽이는 거열형에 처했지만 그것으로 사태를 돌이킬 수는 없었다.

5년 뒤인 기원전 279년 연나라 군대는 즉묵성을 포위 공격했고, 제나라의 멸망은 초읽기에 들어갔다. 이때 제나라 사람들은 하나같이 이 난관을 타개할 인물로 전단(田單)을 추천했다. 전단은 첩자 활용과 기발한 책략을 잘 구사하는 장수였다. 그는 장군에 임명되자마자 바로 첩자를 연나라로 보내 정보를 수집하기 시작했다. 이 무렵 연나라는 장군 악의를 믿고 지지하던 소왕(昭王)이 죽고 혜왕(惠王)이 즉위해 있었다. 그런데 혜왕과 악의는 사이가 좋지 않았다. 이러한 중대한 정보를 수집한 전단은 본격적으로 첩자를 연나라 곳곳에 침투시켜 첩자 활동의 주요 수단 가운데 하나인 선전 활동을 시작했다. 그 내용인즉 악의가 제나라 민왕이 죽었는데도 즉묵성과 거성을 격파하지 못하고 있고, 이 때문에 문책을 받을까 두려워 연나라로 돌아가지 못할 것이며, 그래서 다른 군대와 연

제 도시 모형 전국시대 제나라 수도 임치의 모습을 상상한 복원 모형.

합하여 제나라에서 자신이 왕이 되려 했는데 제나라 사람들이 반대하는 바람에 일부러 즉묵성을 공격하지 않은 채 기회를 엿보고 있다는 것이었다.

평소 악의를 탐탁치 않게 여기던 혜왕은 이 유언비어를 사실로 받아들여 악의를 장군 자리에서 파면시키고 대신 기겁(騎劫)이란 장수를 보냈다. 돌아갔다간 죽음뿐이라는

전단 멸망의 위기에 빠진 제나라를 기사회생시킨 전단은 철두철미하게 첩자를 활용하여 절망적이던 전세를 역전시킬 수 있었다.

것을 안 악의는 조나라로 망명해버렸다. 전단은 2단계로 기겁이란 인물에 대한 정보 수집에 들어갔고, 그 결과 기겁은 용기는 있지만 지략이 없는 장수라는 사실을 파악할 수 있었다. 이에 전단은 세 단계의 전략을 수립하여 실행에 들어갔다.

먼저 첩자를 연의 군영으로 잠입시켜 제나라 군대가 가장 두려워하는 것은 연나라가 제나라 포로들의 코를 베는 것이라는 말을 퍼뜨리게 했다. 아니나 다를까, 기겁은 제나라 포로들의 코를 모조리 베어버렸다. 이 소식을 접한 제나라 병사들은 분노에 치를 떨면서 전의를 불태웠다.

전단의 두 번째 단계 역시 첩자를 이용한 것이었다. 이번에는 좀 더 강도를 높여 제나라 군대가 가장 두려워하는 것은 연나라가 즉묵성 밖 제나라 사람들의 선조 무덤을 파헤치는 일이라는 유언비어를 퍼뜨리게 했다. 예상대로 기겁은 즉묵성 밖 제나라 사람들의 무덤을 마구 파헤치게 했고, 제나라 병사들의 분노와 전의는 하늘

을 찌를 듯 솟구쳤다.

마지막 단계로 전단은 즉묵성의 부자들을 불러 금은보화를 가지고 기겁과 연나라 장수들에게 가서 즉묵성이 곧 항복할 것 같으니 자신들의 안전을 보장해달라고 빌게 했다. 연의 장수들은 기뻐하며 뇌물을 받았고, 이로써 연나라 군대의 사기는 더욱 흐트러졌다.

공격의 시기가 무르익었음을 확인한 전단은 황소들을 모조리 모아 용을 그린 붉은 외투를 입히고 소뿔에 날카로운 칼을 매단 다음 꼬리에는 기름을 잔뜩 묻힌 짚을 묶었다. 밤이 으슥해지자 전단은 황소의 꼬리에 불을 붙이게 한 다음 정예병과 함께 연나라 군영을 기습하게 했다. 즉묵성에 남은 노약자들은 모두 쇠붙이로 된 기물을 두드리며 천지를 울릴 듯 고함을 질렀다. 아무런 방비가 없던 연나라 군대는 불이 붙은 채 미친 듯 달려드는 무시무시한 황소 떼로 구성된 '화우진(火牛陣)'에 혼비백산 도망치기에 바빴다. 기겁도 혼전 중에 피살되었다. 이 전투를 계기로 제나라는 그때까지 잃었던 70여 성을 모두 회복하고 멸망의 위기에서 벗어났다.

전단은 『손자병법』에서 말하는 유능한 장수라면 첩자를 잘 활용한다는 논리를 생생하게 입증하고 있다. 그는 적절한 시기와 고비마다 첩자를 파견하여 극적인 효과를 거두었다. 이로써 제나라는 다시 일어설 수 있었고, 연나라는 최후의 승리 일보직전에 역전패하고 말았다. 전단이 이끈 즉묵성 전투는 절체절명의 순간에 첩자의 활용이 승부에 얼마나 중요하게 작용할 수 있는가를 잘 보여주는 사례다.

반간계의 전형 손무는 첩자의 유형을 모두 다섯으로 분류했는데, 그중에서도 반간의 중요성을 특별히 강조하고 있다. 반간이란 상대의 첩자를 역이용하는 방법이나 그렇게 이용하는 첩자를 말하는데, 반간의 중요성은 현대 첩보전에서도 누누이 강조되고 있다. 반간계(反間計)의 역사상 가장 유명한 사례는 역시 '적벽대전'이 될 것이다.

208년 북방을 통일한 조조(曹操)는 80만 대군을 이끌고 남하하여 유비(劉備)·손권(孫權)의 연합군과 적벽(赤壁)에서 대치했다. 오나라 손권은 사령관으로 34세의 젊은 주유(周瑜)를 임명했고, 이를 안 조조는 첩자를 이용하여 젊은 주유를 흔드는 계획을 세웠다. 조조는 비밀리에 양주(揚州)로 가서 당대 최고의 변사로 평가받고 있는 장간(蔣干)을 만났다. 조조의 밀명을 받은 장간은 평복 차림으로 오나라 군영에 잠입하여 개인적인 일로 주유를 만나러 왔다며 주유와의 면담을 요청했다. 젊지만 영명한 장수 주유는 장간이 제 발로 오나라 군영으로 온 의도를 단번에 알아차렸다. 장간은 이런저런 구실을 붙여가며 주유에게 접근하여 유세하려 했으나 주유는 단호한 어조로 장간의 의도를 물리쳤다.

강남의 수질이 맞지 않아 많은 병사들이 풍토병에 시달리는 등 고전을 면치 못하고 있던 조조는 주유에 대한 이간책이 실패로 돌아가자 더욱 초조해졌다. 여기에 강풍이 불어 배들이 뒤집히는 일이 자주 발생하자 평소 총명함을 자부하던 조조는 쇠사슬로 배들을 전부 연결하고 목판을 깔아 배가 흔들리거나 뒤집히는 것을 막았다. 조조 진영의 이런 상황을 파악한 주유의 부장 황개(黃蓋)는 바람을 이용한 화공이야말로 조조에게 치명적인 공격이 될 수 있

을 것으로 판단하여 하나의 계책을 건의했다.

황개가 건의한 계책이란, 황개 자신이 직접 조조에게 '거짓 항복'하는 것처럼 꾸민 다음 기회를 봐서 조조의 군대를 공격한다는 것이었다. 주유는 황개의 건의를 받아들여 마치 황개가 큰 죄를 지은 것처럼 황개에게 채찍질을 가하는 이른바 '고육지책(苦肉之策)'을 구사했다. 황개는 황개대로 사람을 조조에게 보내 항복 의사를 밝혔다. 장간 등 오나라 군영에 침투해 있던 첩자들은 이러한 사실을 조조에게 보고했고, 조조는 황개의 항복을 사실로 받아들였다. 동남풍이 부는 어느 날 황개는 물고기 기름을 잔뜩 부은 짚더미를 붉은 천으로 덮고 그 위에 투항의 깃발을 꽂아 조조 진영으로 배를 몰았다. 조조 진영은 투항을 외치며 달려오는 황개의 배들을 반갑게 맞이했다. 배들이 조조의 군함들에 접근하는 순간 황개는 불화살을 날리게 했다. 쇠사슬로 묶여 있던 조조의 전함들은 불이 붙은 황개의 배들과 충돌했고 여기에 동남풍을 업고 날아드는 불

조조, 유비, 손권, 주유(왼쪽부터) 삼국의 정립은 말 그대로 '정중동'이었다. 치열한 첩보전이 한 시대를 아로새겼다.

고육지책 『삼국지』에서 가장 유명한 장면의 하나인 '고육계'는 '반간' 활용의 진수를 보여준 첩자전이었다. 사진은 적벽 삼국성 내에 있는 '고육계'를 형상화한 조형물이다.

화살 공격까지 당하고 보니 속수무책으로 당할 수밖에 없었다. 조조는 대패하여 간신히 북방으로 도주했다.

적벽대전은 첩자로 시작하여 첩자로 끝났다. 주유는 적의 첩자를 이용하는 반간계로 전력의 열세를 딛고 완승을 끌어낼 수 있었다. 반면 조조는 장간을 이용한 첩보전을 구사한 것까지는 좋았으나 주유라는 인물에 대해 정확한 정보를 입수하지 못한 채 너무 서둘렀고, 또 장간을 지나치게 신뢰하는 바람에 젊은 주유의 반간계에 걸려드는 우를 범했다. 당나라 때 군사 전문가 이정(李靖)은 『이정병법』에서 "물은 배를 띄울 수도 있고 배를 엎을 수도 있다. 첩자 역시 성공할 수도 있지만 지나치게 믿으면 실패할 수 있다"고 했다. 적벽대전은 반간계의 중요성을 잘 보여준 사례였다.

첩자 활용의 세 가지 원칙 손무는 첩자를 활용함에 있어서 친(親), 밀(密), 후(厚)라는 세 가지 요소가 가장 중요하다고 지적했

적벽 첩자로 시작해서 첩자로 끝난 적벽대전의 현장 모습이다.

艸
生
帝

다. 첩자 활용에 따른 철저한 신뢰와 비밀 그리고 첩자에 대한 후한 대우가 그것이다. 이와 관련된 역사적 사례를 소개한다.

첩보전에서 비밀 유지, 즉 보안은 절대적으로 중요하다. 그러나 보안에 만전을 기하는 만큼 상대의 기밀 파악을 위한 반보안 활동도 치열할 수밖에 없다. 따라서 첩보에 따른 비밀과 보안을 유지하기 위해서는 첩자의 활동 상황과 첩보 범위 등을 최소화하고 그 내용은 최고위층에 한정시켜 알게 해야 한다. 쉽게 말해 피라미드 형태의 조직이어야 한다. 이것이 바로 『병경백자(兵經百字)』에서 말하는 "한 사람의 일이 두 사람에게 새어나가서는 안 된다"는 것이다. 송나라 때 종세형(種世衡)은 자신의 부하 장수를 일부러 고문하여 적국에 첩자로 보내는 중요한 계획을 세우면서 자신과 부하단 두 사람만 알고 있을 정도로 극도의 보안을 유지했다.

삼국시대 때 젊은 첩자 급번(急蕃)이란 인물은 첩자 활용에서 비밀이 얼마나 중요한가를 잘 보여주었다. 22세의 청주 출신 급번이 위나라에서 오나라로 망명해왔다. 손권이 그를 불러 이야기를 나눠보니 식견이 보통이 아니었다. 특히 급번은 송사나 감옥에 관한 일에 정통했다. 손권은 그를 정위감에 임명했다. 급번은 자신의 직위를 이용하여 오나라의 충성스러운 관리들을 모함하여 파면시키거나 좌장군 주거, 정위 학보 등을 매수하여 자신을 보호하는 우산으로 삼았다. 그의 집에는 매일 수레가 구름같이 모여들고 손님들이 집을 가득 메웠다. 급번과 그의 집은 한 순간 오나라 정권을 위협하는 첩보망의 거점이 되었다. 그러나 꼬리가 길면 밟히는 법, 급번의 첩자 활동이 마침내 마각을 드러냈고 급번은 체포되어 지독한 고문을 당했다. 그러나 그는 자신의 동료들을 불지 않았다.

손권은 사람을 보내 "어째서 자기 목숨을 버리면서까지 패거리를 지키려 하느냐?"며 급번을 구슬렸다. 이에 급번은 "대장부가 큰 사업을 도모함에 있어 어찌 동료가 없겠는가? 그러나 이 몸이 죽을지언정 다른 사람을 끌고 들어갈 수는 없다!"며 끝까지 입을 열지 않았다. 손권은 하는 수 없이 급번을 죽였지만 그가 누구의 명을 받고 어떤 자와 함께 무슨 첩보 활동을 벌였는지 끝내 알아내지 못했다. 이야말로 구천에까지 비밀을 간직하고 간 경우였다. 첩보 활동은 은밀할수록 안전하며 또 그럴수록 성공할 확률도 높아진다.

『손자병법』에서는 "상을 내림에 있어서 첩자에 대한 상만큼 후한 것은 없어야 한다"고 했다. 전국시대의 모사 곽외(郭隗)는 '천금으로 말뼈를 산다'는 비유로 연(燕) 소왕으로 하여금 충분한 보수를 주고 유능한 인재들을 모으도록 했다. 첩자를 모집하고 교육시키고 활용할 때도 마찬가지다. 지나치면 지나쳤지 모자라서는 안 된다. 전국시대 지백(智伯)의 모사 지과(智過)는 한(韓)·위(魏)가 정변을 일으키려 한다는 정황을 파악하고는 지백에게 몰래 첩자를 한·위의 실세들에게 보내 '1만 호의 땅'으로 매수하라고 권했다. 그러나 지백은 그렇게 되면 자기 몫이 줄어든다면서 지과의 건의를 물리쳤다. 그 결과 지백은 전투에서 패하고 목숨까지 잃었다.

첩자는 자신의 목숨은 물론 가족의 안위까지 무릅쓰지 않으면 안 된다. 역사상 첩자 활동이 적에 의해 발각되거나 체포되어 그 자신은 물론 가족까지 목숨을 잃는 경우가 비일비재했다. 따라서 이들에 대한 대우가 남달라야 할 수밖에 없다. 적이 우리 편 첩자를 보다 나은 대우로 매수하여 반간으로 이용하게 될 경우 우리

쿠빌라이 원 세조 쿠빌라이는 유능한 통치자답게 첩자 활용에 능숙했다.

편이 받게 될 타격은 엄청나기 때문이다. 따라서 역대로 유능한 지휘관은 첩자를 최고로 우대했고, 이와 동시에 늘 서로 신뢰할 수 있도록 친밀함을 유지하는 데 최선을 다했던 것이다.

하지만 지휘자는 첩자를 가까이 대하고 믿되 완전히 믿어서는 안 된다. 이 때문에 '첩자를 완전히 신뢰할 바에는 차라리 첩자가 없는 것이 낫다'는 격언이 나온 것이다. 원나라 세조 쿠빌라이는 자신이 믿는 부장 장대열(張大悅)이 적과 내통하고 있다는 정보를 여러 차례 보고받았다. 그러나 쿠빌라이는 이 보고를 맹목적으로 믿지 않았다. 하지만 동시에 이 보고를 간단하게 부정하지도 않았다. 그는 사람을 보내 몰래 정황을 파악하게 했고, 그 결과 양쪽의 정보를 비교 검토한 끝에 장대열이 남송의 심복이라는 결론을 내렸다. 그러고도 쿠빌라이는 장대열을 바로 잡아 죽이지 않고 반간으로 이용하는 치밀함을 보였다.

　손무는 첩자의 신분이나 첩자 활용 계획이 사전에 탄로날 경우에는 해당 첩자는 물론 관련자 모두를 죽여서 비밀을 지켜야 한다고 주장했다. 대단히 잔혹한 논리이긴 하지만 첩자의 세계에서는 불문율처럼 받아들여지고 있다. 남북조시대에 진(陳) 무제 진패선(陳霸先)은 부장 후안도, 주문육, 두릉을 불러들여 양나라를 기습 공격하는 문제를 상의했다. 부장들은 모두 진패선의 계획에 찬성했으나 오직 한 사람 두릉은 기습 공격의 성공 여부가 불투명하다며 반대하고 나섰다. 이에 진패선은 비밀을 유지하기 위해 수건으로 두릉의 입을 막아 기절시킨 다음 그날 밤으로 양나라를 기습 공격했다.

　남송 때 매국노이자 금나라 첩자 진회(秦檜)는 '혹 있을지도 모른다' 는 뜻의 '막수유(莫須有)' 라는 죄명으로 내부 사정을 잘 알고 있던 홍호를 축출하고 명장 악비(岳飛)의 억울함을 호소하는 우고를 죽였다. 진회는 입을 막거나 그 입을 아예 없애버리는 수단으로 자신이 저지른 첩자 활동의 진상이 드러나는 것을 방지했던 것이다.

　반간첩, 즉 방첩이란 각도에서 보자면, 적은 최선을 다해 첩자의 입을 살려두려 한다. 따라서 우리 편 첩자들은 언행에 신중을 기하지 않으면 안 된다. 특히 적국에 침투한 첩자가 적의 비밀 정보 등을 입수했을 때는 전혀 모르는 것처럼 꾸며야 한다. 적이 이 사실을 알고 나면 보안을 위해 틀림없이 입을 영원히 닫게 할 것이기 때문이다.

　첩자의 전형, 생간과 사간　반간 활동이 첩자 활동의 백미라면, 첩자의 여러 유형 중 전형적인 첩자는 생간과 사간이라 할 수 있다.

춘추시대 오나라의 왕 합려는 전임 국왕 요(僚)를 암살하고 정권을 탈취했다. 그런데 요의 아들 경기가 정변의 와중에 위나라로 망명하여 아버지의 원수를 갚고자 무리를 모으고 있었다. 합려의 입장에서 경기라는 존재는 눈엣가시였다. 합려의 근심거리를 눈치 챈 오자서는 요리라는 인물을 소개했고, 요리는 합려를 위해 경기를 제거하겠다고 자청했다. 요리를 만난 합려는 다음 날 조정회의에서 요리란 자가 모반을 꾀한다며 그를 당장 잡아들이라는 명령을 내렸다. 요리는 도주하는 척했고 병사들은 요리의 집에 들이닥쳐 요리의 아내와 자식들을 잡아서는 불태워 죽이고 뼛가루를 사방에 뿌렸다. 합려는 이 사실을 전국에 알리도록 했고, 요리에 대해서는 수배령을 내렸다. 요리는 경기가 있는 위나라로 망명하여 경기에 접근했고, 일찌감치 요리에 대한 소문을 들어서 알고 있던 경기는 요리와 침식을 같이 할 정도를 그를 신임하기에 이르렀다. 기회를 보던 요리는 경기에게 포악무도한 합려를 공격할 기회가 왔다고 건의했고, 경기는 합려를 공격하기 위해 일행들과 배를 타고 오나라로 향했다. 이윽고 배가 흔들리는 틈을 타서 요리는 숨기고 있던 칼로 경기의 가슴을 깊이 찔러 그를 죽였다. 경기는 죽기에 앞서 자신을 해친 요리를 호걸이라며 살려 보내라고 했고, 요리는 무사히 돌아와 합려에게 암살 성공을 보고했다. 합려는 요리에게 상을 내리고자 했으나 요리는 자신은 전왕의 아들을 암살하기 위해 식구들까지 죽게 한 패가망신의 대죄인이라며 스스로 목숨을 끊었다. 사건 전체가 너무 극적이라 그 진실성 여부를 의심받고 있긴 하지만 요리는 사간의 전형을 보여준다.

생간은 첩자 중에서도 가장 기민하고 활동성이 넘치는 유형이

다. 북송 때의 명장 종세형이 청간성에 주둔해 있을 때의 일이다. 한번은 사소한 일로 부하 장수 하나를 심하게 나무라며 곤장까지 치는 중형을 내렸다. 다른 부하 장수들이 이구동성으로 용서해달라고 애원했지만 종세형은 끝까지 용서하지 않았다. 이에 그 부하 장수는 원한을 품고 적국인 서하(西夏)의 이원호(李元昊)에게로 도망쳤다. 그는 이원호에게 송나라 군대의 비밀 정보를 많이 제공했다. 이원호는 그를 철석같이 믿어 중앙군사기구인 추밀원까지 마음대로 드나들게 했다. 1년 뒤 이 부하 장수는 서하의 1급 비밀 정보를 가지고 송으로 돌아왔다. 그제서야 다른 장수들은 그가 다름 아닌 종세형이 보낸 '생간'임을 알게 되었다.

이상 『손자병법』의 첩자 전문 이론인 「용간」편의 내용을 맞추어 첨단 장비를 제외하고 모든 면에서 현대 스파이의 활동상과 하나 다를 것이 없는 생생한 역사적 사례들을 소개했다. 동양의 역사는 이렇듯 수천 년간 역사의 고비 때마다 결정적인 역할을 수행한 첩자들로 인해 살아 움직이고 있다.

첩자의 정의와 첩자 이론서

◉ 역사의 영원한 조연

첩자의 역사는 동서양 모두 약 4천 년 전으로 거슬러 올라간다. 하지만 첩자의 기원은 그보다 훨씬 더 오래전일 것이다. 어쩌면 인간에게 비밀이란 것이 생겨나고 그것을 캐기 위한 행위가 이루어진 그 순간이 첩자의 역사가 시작된 때라 할 수 있다. 혹자는 한 걸음 더 나아가 인간의 본능이란 관점에서 출발하여 지구상에 사람이 존재하기 시작함과 동시에 첩자 행위가 나타났다고 주장한다. 이 주장은 상당히 매력적이긴 하지만, 이렇게 인식할 경우 첩자 행위가 갖는 사회 정치적 의미는 부정되고 그 정치적 목적 및 계급성 등도 가려지고 만다. 이런 결정론은 흔히 무기력에 빠지기 쉽다. 첩자의 행위가 밥 먹는 행위나 배설하는 행위와 같은 선상에 놓이기 때문에 첩자 문제를 진지하게 연구할 필요조차 없어진다.

첩자는 처음부터 있었던 것이 아니라 사회 생산이 어느 정도 발전한 단계 이후의 산물이다. 사유재산이 출현하고 계급이 나뉜 후에야 나타났다. 특히 전쟁의 필요에 따라 본격적으로 출현했는데, 전쟁이 단순한 힘겨루기에서 총체적 지혜 겨루기를 중시하는 쪽으로 변하면서 첩자의 중요성은 더욱 부각될 수밖에 없었다. 이에 따라 첩자는 계급사회에서 국가나 집단이 벌이는 대외 정치투쟁의 중요한 수단이 되었다. 역사적으로 보아도 뛰어난 정치가와 군사가들은 거의 예외 없이 첩자 활용의 전문가들이었다. 알렉산드로

스대왕, 카이사르, 나폴레옹, 칭기즈칸 등이 대표적인 인물들이다. 심지어 성경에도 첩자와 관련한 대목들이 100군데 이상 나온다. 그중에서도 모세가 가나안으로 보낸 여호수아 12정찰대나, 삼손에게 접근하여 힘의 근원인 머리카락을 잘라버린 델릴라 등이 대표적인 사례로 꼽힌다.

동양에서는 중국의 기록들이 첩자와 관련하여 많은 정보를 제공한다. 특히 서양 첩자의 역사가 고대에 단편적으로 등장하다 2천 년 가까이 공백을 보이는 반면, 중국의 첩자에 관한 기록은 그 명맥이 끊어지지 않고 이어졌다는 점에서 첩자의 역사를 연구하는 데 큰 힘이 된다. 『좌전(左傳)』에는 약 4천 년 전 하(夏)나라의 첩자 여애(女艾)의 행적이 짤막하게 남아 있는데, 이를 중국 최초의 첩자 기록으로 본다. 특히 춘추전국시대라는 무한경쟁의 시대를 겪으면서 첩자의 활동상은 더욱 다양하게 전개되었고 그 중요성도 커졌다. 그리고 마침내 춘추 후기 손무라는 걸출한 군사 전문가는 『손자병법』이라는 병법서의 바이블에서 첩자와 관련한 정교하고 체계적인 이론을 세우기에 이르렀다. 그때가 지금으로부터 약 2,500년 전이었다. 『손자병법』은 역사상 최고의 병법서로 평가받고 있으며, 그 첩자 이론과 사상 역시 타의 추종을 불허할 정도로 탁월한 식견을 보여준다.

첩자의 중요성이 커지면서 첩자에게 주어지는 반대급부도 커졌다. 자리가 주어지고 조직도 만들어졌으나 그 성격상 첩자는 '은밀'할 수밖에 없는 직업이어서 이름이 남겨지지 않았다. 조직 역시 임시성이 강해서 확실한 증거를 남기지 않았다. 그러나 첩자는 왕왕 전쟁의 승부는 물론 조직과 국가, 나아가서는 민족의 운명을

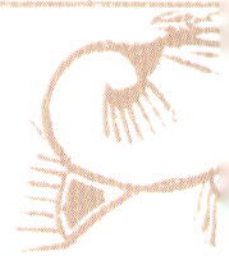

결정짓는 마지막 일격을 가하곤 했다.

첩자들은 매 순간 목숨을 걸어야 하는 참으로 드라마틱한 존재들이었다. 그러나 역사는 단 한 번도 그들을 주인공으로 발탁한 적이 없다. 들키면 목숨을 잃고, 임무에 성공하더라도 조용히 사라져야 했다. 그들은 역사에서 영원한 조연이었다. 영화 '007' 시리즈에 나오는 제임스 본드와 같은 로맨틱한 첩자는 환상에 지나지 않는다. 첩자라는 존재는 현실 속의 가상이었다.

◉ 수천 년 동안 바뀌어온 이름

역사는 단 한 번도 고정된 명사로 그들을 불러본 적이 없다. 시대에 따라 그리고 상황에 따라 그들의 이름은 수십 가지로 불렸다. '익명'의 비애라면 비애다. 그들은 어떤 상황에서도 자신을 밝힐 수 없었다.

첩자(諜者)라는 단어에서 첫 글자 '첩'은 동사다. '첩하는 자'란 뜻이다. 그럼 '첩'은 무슨 의미를 갖고 있을까? 중국의 가장 오랜 옥편이라 할 수 있는 『설문(說文)』에서는 첩은 "군대의 반간(反間)이다"라고 풀이하고 있다. '첩'을 그냥 첩자와 같은 뜻으로 본 것이다. 이는 비교적 후대의 개념을 반영한 뜻풀이다. '반간'은 첩자의 한 종류로 현대 용어를 빌자면 이중 간첩과 비슷하다. 아무튼 『설문』은 첩자를 군대와 연계시켰다.

동사로 사용될 경우 '첩'은 몰래 '엿본다' '살핀다'라는 뜻이다. 손무는 아주 간결하게 '간(間)'이라 불렀고, 여기서 '간첩(間諜)'

이란 단어가 파생되었다. '틈을 엿보거나 살피는 자' 란 뜻이다. 어느 것이 되었건 첩자의 고유한 성격은 틈을 엿보는 것이고, 여기서 '이간(離間)' 이라는 첩자의 또 다른 고유 기능이 파생되었다.

순우리말에서는 첩자를 '발쇠꾼' 또는 '샛꾼' 이라 하는데, 남의 비밀을 살펴다가 다른 사람에게 넌지시 알려주는 행위를 발쇠라 하며, 그런 일을 하는 사람을 발쇠꾼이라 한다. 행위를 나타낼 때는 '발쇠를 서다' 라고 표현한다.

영어권의 용어도 비교적 다양한 편인데, 가장 많이 알려진 것은 spy, espionage, intelligence, agent, secret service 등이 있고, 스페인 내전에 참전했던 헤밍웨이의 1938년 소설 『제5열 및 최초의 49 단편집 *The Fifth Column and the First Fortynine Stories*』에서 '제5열' (The Fifth Column, 조직 내부에 숨어 있는 첩자)이란 용어가 파생되어 나오기도 했다. 이 밖에 우리 현대사를 어둡게 만들었던 프락치 (fraktsiya, 러시아어로 정당이 대중 단체 속에 심은 당원 조직을 가리키는 용어인데 밀정이나 첩자와 같은 뜻으로도 쓰인다.)란 단어도 있다.

첩자를 나타내는 이름이 뭐 그리 중요하냐고 반문할 수도 있겠지만, 첩자의 역사를 대체적으로 파악한다는 측면에서 보면 상당히 중요한 의미를 가진다. 역대 첩자와 관련된 이름들은 여기저기 흩어져 있고, 또 책마다 달라서 이를 한데 모아 검토하는 일이 우선 필요하다. 이렇게 해서 그 어원과 역사적 연혁을 살피면 앞으로의 연구에 좋은 자료가 될 것이다.

중국 측 기록에는 첩자와 관련된 단어들이 아주 다양하게 출현한다. 하지만 이렇게 수없이 바뀌어온 이름들을 하나하나 다 검토하기란 너무 번거롭고 또 지루할 것이다. 그래서 알아보기 쉽게 표

로 만들어 부록으로 제시했다.(부록의 표1 참고) 관심 있는 독자들은 이 표를 참고하기 바란다. 이 표는 우리 삼국시대 첩자를 이해하는 데 좋은 참고자료가 된다.

이 밖에 첩자를 가리키는 용어는 아니지만 첩자, 특히 첩보 공작을 하는 자와 적과 내통하는 첩자를 잡아들이는 일을 맡은 '환인(環人)'이란 직책이 『주례(周禮)』 '하관(夏官)' 편에 나타나 있어 눈길을 끈다. 『주례』에는 환인 외에 반란을 일으킨 자나 첩자를 잡아 목을 베는 일을 담당한 '장륙(掌戮)'이란 직책과, 때도 아닌데 돌아다니는 자와 이상한 복장에 이상한 물건을 들고 다니는 자를 조사해서 금지시키는 일을 담당한 '야로씨(野盧氏)'란 직책도 있다. 모두 첩자를 색출하고 처리하는 일을 담당한 직책으로 추정된다.

첩자를 나타내는 이름과 관련 용어는 이렇듯 다양하다. 글자들의 뜻 또한 심상치 않다. 우리 기록과 일부 중국 기록에 나타나는 우리 첩자들과 관련된 용어들은 다양성에서는 중국 측 기록에 비해 떨어지지만 용어와 그 뜻은 중국 측 기록에 나타난 것들과 대체로 일치한다. 이 역시 참고를 위해 표로 정리하여 부록으로 붙여두었다.(부록의 표2 참고)

우리 기록에 나타나는 첩자 관련 용어들은 중국에 비해 상대적으로 빈약해 보이지만, 우리는 기원전후 삼국의 성립에서 삼국 통합까지 약 700년에 한정되어 있다는 사실을 감안한다면 결코 만만치 않다. 특히 한정된 시기임에도 불구하고 상당히 다양하게 나타난다. 그중에서 '첩자'라는 용어가 가장 많이 출현한다. 이 책의 제목에 '첩자'가 들어간 것도 이 때문이다. 우리 첩자 기록에서 우선 눈에 띄는 점은 첩자의 활동이 7세기에 집중되어 있다는 것

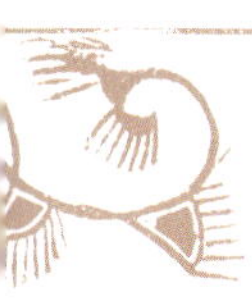

인데, 이는 동아시아 국제질서를 다시 짜는 치열한 실력대결이 전개된 시기가 바로 7세기였기 때문이다. 따라서 이 책에 등장하는 첩자들 대부분이 7세기 사람이라는 사실도 파악해두자.

◉ 첩자 이론의 교과서, 『손자병법』

중국 최초의 첩자는 4천 년 전 하나라까지 거슬러 올라간다. 그 후로도 여러 기록에서 첩자를 언급하고 있기 때문에 중국 첩자의 역사는 단절 없이 비교적 계통이 서 있는 편이다. 그리고 춘추전국이라는 무한경쟁 시대를 거치면서 첩자는 보편적인 개념으로 정착되었다. 이에 따라 이전의 풍부한 경험과 다양한 이론을 종합한 첩자 이론과 사상이 출현하기에 이르렀다. 그중 대표적인 것을 들라면 『손자병법』과 『육도』가 될 것이다. 이 두 병법서는 각각 춘추시대와 전국시대의 병법서를 대변한다. 그리고 이 두 책의 내용과 사상은 우리 삼국시대에 상당한 영향을 주었던 것 같다. 여기서는 첩자와 관련된 이론과 사상의 내용을 이 두 병법서를 통해 살펴보려 한다.

『육도』 이후로도 첩자에 관한 많은 이론서들이 출현했지만, 삼국시대와 그다지 연관이 없어 보이기 때문에 보기 쉽게 간략한 표로 정리하여 참고하는 선에서 그쳤다.(부록의 표3 참고)

『손자병법』「용간」편은 고대 첩자 이론의 원조며, 체계적이고 깊이 있는 이론이다. 이후 많은 사람들이 손자의 이론에 기초하여 다양한 첩자 이론을 제시했다. 손자의 이론에 다양한 주석을 다는 것

으로 시작된 첩자 이론은 삼국시대 조조에 의해 열렸다. 그는 이를 통해 '첩자전을 이용한 군사학'이라 할 '간전병학(間戰兵學)'을 제창했지만 이후 명맥이 끊어졌다. 그러다 당대에 이르러 이른바 '二李二杜(이정, 이전, 두우, 두목)'에 의해 이론이 계승되고, 송대에 오면 군사 전문가들에 의해 첩자 이론의 제2 전성기를 구가하게 된다. 이후 금·원·요·서하가 교체되는 격렬한 시대 변화와 숱한 전쟁을 겪으면서 첩자 이론은 침체를 면치 못했다. 그러다 명·청 시대에 오면 우후죽순처럼 이론들이 등장하여 병법을 거론할 때는 반드시 첩자를 거론해야 한다는 풍조가 정착되었고, 마침내 첩자 이론의 제3의 전성기를 맞이했다. 그리고 첩자 전문서로는 최초라 할 수 있는 청대 주봉갑(朱逢甲)의 『간서(間書)』가 그 대미를 장식하기에 이르렀다.

첩자 이론은 역대 정치·군사·외교·경제 등에서의 경험과 교훈 그리고 풍부한 실천적 소재를 기반으로 하고 있어 역사가 유구하고 종류가 복잡하다. 또한 내용이 풍부하고 체제가 다양하며 철학적 성격이 강하면서도 실용성이 큰 특징을 보여준다. 여기에 나름대로의 독창성까지 갖추고 있다. 때문에 역대 많은 사람들이 이 부분에 주목하여 다양한 이론을 제기했다. 그러나 그중에서도 『손자병법』의 영향이 가장 크다는 점은 이미 공인된 사실이다. 『손자병법』은 실제 경험과 이론을 결합한 군사학의 바이블이다. 통계에 따르면 춘추전국 약 550년 동안 614차례의 크고 작은 전쟁과 전투가 발생했고, 그중 춘추가 384차례, 전국이 230차례였다. 또 당나라 때 사람 두우의 『통전』에 따르면 『춘추경전』에 기록된 나라가 170개였다고 한다. 이렇게 많은 나라들이 생존을 위해 그토록 수

많은 전쟁과 전투를 치렀고, 이 때문에 자고 나면 나라 하나가 없어지는 믿기지 않는 상황까지 발생했다. 이 격렬한 투쟁에서 각국은 너나할 것 없이 생존을 위한 수단의 하나로 첩자를 양성하여 활용했다. 『손자병법』과 그 마지막 편인 「용간」편은 이러한 시대의 산물이었다.

『손자병법』을 전문적으로 연구하는 사람들은 대부분 이 「용간」편을 손자 용병법의 토대로 본다. 손자 용병법의 핵심을 한 마디로 표현하자면 '지피지기(知彼知己)'라 할 수 있는데, 이를 위해서는 첩자를 활용할 수밖에 없고, 따라서 첩자에 관한 전문적인 이론이라 할 수 있는 「용간」편이야말로 『손자병법』의 대미를 장식하는 결론이라 할 수 있다. 「용간」편은 그 내용에 따라 크게 다섯 단락으로 나누어 검토할 수 있다. 차례로 내용과 그 의미를 분석해본다.

一. 손자는 다음과 같이 말한다. 10만의 병력을 일으켜 천 리에 걸쳐 출정하자면 백성들의 전비 부담과 정부의 재정 조달 때문에 날마다 천금의 돈이 소요된다. 안팎이 소란해지고 도로를 보수하는 일 등이 뒤로 밀리며 생업을 제대로 유지할 수 없는 집이 70만 호에 이른다. 적과 수년 동안 대치했다가 단 하루로 승리를 다투게 되는 중대한 일인데도 관직 주기를 꺼리고 녹봉으로 주는 백금이 아까워 적의 정황을 모르게 된다면 이는 백성들을 아끼지 않는 극치이니 백성들의 진정한 장수가 아니며, 군주에 대한 진정한 보좌가 될 수 없으며, 승리의 주인이 될 수 없다. 따라서 명석한 군주와 현명한 장수가 군대를 움직여 적을 이기고 여러 사람들보다 뛰어난 공을 세우는 것은 먼저 적의 정세

를 알기 때문이다. 적의 정세를 먼저 안다는 것은 귀신에게 의지해서도 일의 표면에 나타나는 것만 보고 판단해서도 추측으로 검증하려 해서도 안 되며, 반드시 사람을 통해서 적의 정세를 알아야 한다는 뜻이다.

위 제一 단락은 '첩자 활용의 이해관계와 중요성 및 그 의의'를 논한 부분이다. 특히, 자리나 비용을 아끼려고 첩자를 활용하지 못해 적의 정황을 파악하지 못했다간 그보다 훨씬 더 큰 대가를 치를 것이라는 경고는 첩자 활용의 가장 기본적인 철학을 표명하고 있다. 또 특별히 강조하고 있는 '선지(先知)'는 첩자의 활동을 통한 첩보와 그 내용을 포괄하는 중요한 개념으로, 정보의 중요성을 지적한 것이다.

손자는 첩자 활동을 통한 정보 수집이 갖는 의미와 중요성을 명확하게 인식하고 있다. 첩자와 정보가 전쟁의 승부를 가를 수 있기 때문이다. 따라서 자질 높은 첩자와 정확한 정보가 중요하다. 이 때문에 손자는 점 따위의 미신성 정보, 겉으로 드러나는 피상적 정보, 추측성 정보를 철저히 경계한 것이다. 정보의 생명이 정확성에 있다는 점을 손자는 2,500년 전에 이미 명쾌하게 간파하고 있었다.

二. 그러므로 간첩을 활용하는 데는 다섯 가지가 있다. 향간(鄕間)·내간(內間)·반간(反間)·사간(死間)·생간(生間)이 그것이다. 다섯 종류의 간첩이 동시에 활동하기 때문에 적은 그 활용법을 알 수 없는 것이다. 이를 일컬어 '신기(神紀, 귀신같은 방법)'라 하며 이것이 군주의 보물이다. '향간'이란 연고지(고향)

의 사람을 활용하는 것이다. '내간'이란 적의 관직에 있는 자를 이용하는 것이다. '반간'이란 적의 간첩을 역이용하는 것이다. '사간'이란 거짓 정보를 국경 밖으로 흘려 우리 쪽 간첩이 이를 알게 하여 적에게 전하게 하는 것이다. '생간'이란 돌아와 적의 정세를 보고하는 것을 말한다.

제二단락은 '첩자의 종류와 그 작용'에 관한 전문적인 논의이자 「용간」편의 핵심 부분이기도 하다. 이 부분은 지금 보아도 대단히 과학적인 첩자 분류 이론으로, 여기에다 더하거나 뺄 것이 없을 정도다. 후대에 나타나는 고정 간첩, 이중 간첩, 전향 간첩, 암살자(Assassin), 두더지(Mole, 적과 내통하는 간첩) 등 다양한 종류의 첩자들은 모두 이 다섯 가지 첩자 유형에 포함되거나 여기서 파생된 것들이다.

손자가 분류한 다섯 종류의 첩자들 중 내 쪽에서 직접 파견한 첩자는 사간과 생간 둘뿐이다. 나머지 향간, 내간, 반간은 전부 적진의 사람이나 첩자를 활용하는 것을 말한다. 이는 첩자 이론과 사상의 발전에서 대단히 중요한 의미를 갖는다. 적진의 일반인과 고위층 인사를 포섭하거나, 적의 간첩을 포섭하여 역이용하는 이런 고차원의 첩보술은 현대 첩보전에서나 볼 수 있는 것들이었는데, 2,500년 전 손자에 의해 이미 이론으로 정립되었다는 사실이 놀랍기 그지없다.

사실 향간, 내간, 사간, 생간의 작용은 일방적이다. 따라서 손자는 쌍방 모두에 작용하는 반간을 특별히 중시하고 있다. 이 이론은 훗날 이중 간첩의 원조라 할 수 있다. 특히 손자는 첩자의 작용에

대해서도 대단히 심각하게 분석하여, 각 종류의 첩자가 갖는 장점과 한계를 지적하고 종합적으로 이 다섯 종류의 첩자를 '동시에 모두 활용할 것'을 주장한다. '반간' 위주의 첩자 활용법을 강조하고 '오간을 동시에 구사하라'는 주장은 손자의 용병사상 중에서도 최고 경지를 대변하고 있다. 서양에서 방첩 내지 반간에 대해 심각하게 인식한 것이 19세기 말 20세기 초반이란 점을 감안한다면 손자의 이론이 얼마나 심오한지 충분히 알 수 있을 것이다.

전쟁이나 국가 간 무한경쟁에서 상황 변화는 늘 가변적이어서 한 치 앞을 예측하기 힘들다. 따라서 첩자 활용도 단선적이어서는 안 되며, 내 쪽에서 보낸 첩자의 활동과 첩보만으로는 충분치 않다. 이런 점에서 손자는 적진의 사람을 이용하는 반간과 다섯 종류의 첩자를 동시에 입체적으로 구사하여 변화무상한 상황 변화에 대비하고 상황 전개를 예측하라는 것이다.

三. 따라서 군대 전체의 일 중에서 간첩만큼 친밀하게 대해야 하는 것도 없고, 간첩에게 주는 상보다 더 후한 상은 없으며, 간첩의 운용만큼 비밀을 요하는 일도 없다. 사람을 알아보는 고도의 지혜를 갖추지 못하면 간첩을 활용할 수 없고, 극진한 애정과 의리를 보여 사람을 감복시키지 못하면 간첩을 움직일 수 없으며, 치밀하게 비교·평가하지 못하면 간첩에게 얻은 첩보 중에서 진짜 정보를 골라낼 수 없다. 미묘하고 미묘하여 간첩을 활용할 수 없는 일이란 없다. 간첩을 보내기도 전에 이런 내용이 흘러나가면 간첩과 함께 이에 관련된 일을 들은 사람도 모두 죽여야 한다.

　제三단락은 '첩자 활용의 원칙 또는 수칙'이라 할 수 있다. 손자는 첩자 활용의 원칙을 '친(親, 친밀)', '후(厚, 후한 보상)', '밀(密, 비밀 유지)' 세 글자로 요약하고 있다. 또 첩자를 활용하지 못하는 곳이 없다는 논리는 첩자의 활용을 군사 영역에만 한정시키지 않고 다른 영역으로까지 넓히고 심화시킨 것이다. 이는 현대 첩보전의 영역이 무한히 확대되고 있는 것과 맥을 같이한다.

　첩자 활용의 첫째 원칙인 '친'은 첩자와 첩자를 활용하는 사람 간의 관계를 가리킨다. 이와 관련하여 원말 명초 사람으로 『무경칠서직해(武經七書直解)』를 편찬한 유인(劉寅, 생몰연대 미상)은 "국군과 간첩 사이는 서로 의심해서는 안 된다. 국군이 간첩을 의심하면 '배가 뒤집히는 재앙'이 생겨날 수 있고, 간첩이 국군을 의심하면 '자신의 몸을 해칠 수' 있기 때문이다"라고 말했다. 여기서 손자는 첩자를 활용하는 사람의 자질까지 언급하고 있는데, 첩자 활용의 가장 기본적인 수칙을 제시한 셈이다.

　둘째 원칙인 '후'는 첩자에 대한 대우를 말한다. 이는 현대 첩자 이론에서 말하는 첩자가 되는 네 가지 동기, 즉 MICE(Money돈, Ideology이념, Compromise손상, Ego자아·신념) 중 '돈(Money)'과 연계된다. 동시에 첫 번째 원칙의 '친'에서 말하는 애정과 의리 등으로 감복시켜 첩자로 활용해야 한다는 부분은 얼핏 첩자를 대상으로 한 이념(Ideology) 교육을 연상시킨다. 요컨대 손자는 첩자의 제반 여건을 충분히 파악하여 첩자가 다른 마음을 먹지 않도록 대우할 것을 지적한 것으로 보인다.

　셋째 원칙 '밀'은 첩자 활용에 따른 원칙 가운데 가장 중요한 것이다. 이는 첩자의 '근원적 속성'을 말하는데, 이 때문에 기밀 유

지를 위해 당사자는 물론 관련 인물 모두를 제거해야 한다는 논리가 타당성을 얻는 것이다. 사실 이 원칙은 후대에 지대한 영향을 미쳤고, 동시에 엄청난 비판과 비난의 빌미를 제공하기도 했다. 그러나 비판과 비난은 이 원칙을 악용했을 경우에 대한 것이었지, 원칙 자체에 대한 비판은 아니었다.

四. 공격하고자 하는 군대와 공격하고자 하는 성 그리고 죽이고자 하는 사람이 있으면 반드시 먼저 그 장수, 좌우 측근, 조언자, 성문 감시자, 집사 등의 이름을 알아두고 우리 간첩에게 이들을 살피도록 한다. 한편 적의 간첩으로 우리 쪽에 와서 활동하는 사람을 찾아내어 이들에게 솔깃한 것을 주어 끌어들이고 편안한 집으로 이끈다. 이렇게 반간을 얻어 이용할 수 있다. 이를 통해 적의 사정을 알고, 그렇게 함으로써 향간과 내간까지 얻어 이용할 수 있게 되는 것이다. 또 이를 통해 적의 사정을 더 깊게 알게 된다. 사간에게 우리가 만든 허위 정보를 흘려 적에게 알리게 할 수도 있다. 또 이렇게 해서 생간에게 기일 내에 돌아와 보고할 수 있게 한다. 군주는 오간의 활용법에 능숙해야 한다. 그리고 이런 활동 모두가 반간을 통해 이룰 수 있으므로 반간은 후하게 대접하지 않을 수 없다.

제四단락은 '첩자의 임무 내용과 반간 활용'을 중점적으로 다룬 부분이다. 손자는 여기에서 첩자에 대한 활동 지침서이자 구체적인 반간 활용법을 제시한다. 손자는 첩자의 임무로 적군의 관련자에 관한 정보를 가능한 구체적으로 수집할 것을 요구하는 한편,

우리 쪽 첩자의 정체가 탄로나 역이용당할 위험성을 감안하여 적의 첩자인 반간을 적극 활용할 것을 제안한다. 반간을 제대로 활용하게 되면 향간과 내간까지 포섭할 수 있기 때문이다. 그리고 거짓 정보를 수시로 흘려 우리 쪽 첩자(생간)가 무사히 돌아와 적의 상황을 보고할 수 있는 상황 조성도 강조하고 있다.

여기에는 현대 정보전에서나 볼 수 있음직한 논리가 또 등장한다. 허위 정보를 흘린다거나, 정해진 기일 내에 반드시 돌아와 정보를 보고하게 하고, 적의 구석구석을 상세히 파악하여 적진의 사람들을 포섭하는 다양한 방법까지 대단히 고차원적인 첩보 이론이 아닐 수 없다.

특히 손자는 반간의 중요성을 대단히 강조하고 있는데, 이는 첩자 활용에 따른 위험성까지 감안한 고도의 논리라 할 수 있다. 사실, 반간은 첩자의 출현과 동시에 출현한 일란성 쌍생아라 할 수 있다. 이 둘은 서로 대립되면서도 서로 의존하는 한 쌍의 '난형난제'이자, 첩자 이론의 핵심과 정수를 구성한다.

五. 옛날 은나라가 흥한 것은 이지(이윤)가 하나라에 있었기 때문이고, 주나라가 흥한 것은 여아(강태공)가 은나라에 있었기 때문이다. 그러므로 오로지 명석한 군주와 현명한 장수만이 남다른 지혜로 간첩을 써서 대업을 성취할 수 있다. 이는 용병의 요체이므로 전군이 이에 의지하여 움직이는 것이다.

마지막 제五단락은 '첩자 활용의 사례와 결론'이다. 손자는 과거 첩자 활용의 사례를 소개하면서 첩자가 궁극적으로는 국가의

생사존망과 관계된다는 점을 암시하고 있다. 아울러 첩자 활용은 용병의 요체이므로 군대 전체가 첩자와 그 활용에 의존할 수밖에 없는 특수성을 부각시킨다. 이는 궁극적으로 『손자병법』의 '지피지기'와 '싸우지 않고 이기는 것이 최상'이라는 핵심적 사상을 달리 표현한 것이자 결론이라 할 수 있다. 아울러 첩자 활용을 위한 활용자의 자질 문제도 함께 거론하고 있다.

국가의 흥망과 첩자를 연관시킨 손자의 논리는 그 후 숱한 역사적 사실들로 여실히 입증되었다.

◉ 첩자 이론의 체계화, 『육도』

『육도』는 흔히 강태공(姜太公)으로 잘 알려진 서주 초기 여상(呂尚)이 지은 것으로 전하나 신빙성은 없고, 대체로 전국시대 중후기의 군사 전문가가 강태공의 이름을 빌려 지어낸 것으로 본다. 춘추시대를 대표하는 군사 전문서가 『손자병법』이라면, 전국시대를 대표하는 군사 전문서가 바로 이 『육도』다. 이 책은 그 후로 널리 보급되었고, 북송 연간 『무경칠서(武經七書)』에 편입됨으로써 군사학이나 병법을 연구하는 데 반드시 읽어야 할 책으로 자리잡았다.

『육도』의 첩자 관련 이론은 대외(적)와 대내(아) 첩자, 그리고 반간은 상호 대립하면서도 의존적인 관계임을 명확하게 밝히고 있는 점이 눈에 띄며, 첩자 활동에 종사하는 구체적이고 전문적인 인원 배치·조직 및 기술까지 언급하고 있다. 먼저 관련 대목들을 몇 항목으로 나누어 제시해둔다.

一. 그러므로 장수에게 자신의 팔다리나 날개와 같은 72인이 있어 천도에 응하는 것이다.(「용도龍韜·왕익王翼」 이하 특별한 언급이 없으면 모두 같은 편에서 인용한 것임)

강태공 『손자병법』과 더불어 첩자 이론에 관한 한 쌍벽을 이루는 『육도』를 남긴 인물로 전하는 강태공이다.

위 一단락은 장수가 거느리고 있는 전문 부서의 관련 직책 72인을 말한 것인데, 앞으로 살펴보겠지만 그중 24인이 첩자 활동과 직접 관련을 가진다.

二. 복기고(伏旗鼓) 3인은 깃발과 북을 멈추고 눈과 귀를 밝게 하며, 부인(符印)을 위조하고, 호령을 속여 남모르게 소리 없이 왕래하니 그 출입을 아무도 모르게 하는 일을 맡아본다.

三. 이목(耳目) 7인은 왕래하면서 말을 듣고 변화를 보며, 사방의 일과 군중의 실정을 관찰하는 일을 맡아본다.

四. 우익(羽翼) 4인은 군의 명예를 선전하여 먼 곳과 사방 변경을 진동하게 만들어 적의 마음을 약하게 만드는 일을 맡아본다.

五. 유사(游士) 8인은 적의 음모를 살피고 변화를 감시하며 인정(人情)을 이리저리 움직여 적의 뜻을 엿보는 등 첩자가 하는 일을 맡아본다.

六. 술사(術士) 2인은 속임수와 거짓 선전을 주로 하는데, 귀신을 동
　원하는 등 유언비어로 대중의 마음을 현혹시키는 일을 맡는다.

『육도』에서 언급하고 있는 첩자와 관련된 이론은『손자병법』보
다 구체적이다. 특히, 그 첩자의 직책과 분담된 일의 내용이 구체
적이어서 주목된다. 우선 '복기고' 3인은 군사의 기밀을 요하는 통
신과 거짓 정보를 만들어 적을 기만하는 일을 담당했다. '이목' 7
인은 각 방면으로 파견되어 정찰을 맡은 인원인데, 주로 아군의 내
부 상황을 감시하여 내부 변화를 미연에 방지하는 일을 담당했다.
다음으로 '우익' 4인은 적의 심리를 흔드는 심리전에 투입되는 첩
자를 가리키는데 적에 대한 선전공세가 주된 임무였다. '유사' 8인
은 적의 정보를 탐문하고 정찰하며 반간 및 적의 내간을 매수하는
일을 맡았다. '술사' 2인은 미신 등에 빠지기 쉬운 사람의 심리를
이용하여 적의 투지를 와해시키거나 이를 통해 아군의 투지를 격
려하는 일을 맡고 있다.

『육도』에 언급된 이상 24인은 군대 지휘 계통에서 첩자의 일을
전문적으로 맡은 인원들이자 그에 상응하는 고정된 조직기구를 말
한다. 이런 점에서『육도』는 첩자의 역사상 첩자와 관련된 기구를
언급한 최초의 기록이라 할 수 있다.

그런데『육도』에는 장병을 선발하는 비교적 세밀하고 엄격한 기
준이라 할 수 있는 이른바 '팔징법(八徵法)'이 기록되어 있어 눈길
을 끈다. 이것이 첩자와 모종의 연관을 가지는 것으로 보이기 때문
이다. 강태공은 인재의 수준을 어떻게 알아내느냐는 무왕의 물음
에 사람의 겉모양과 내면이 서로 상응하지 못하는, 즉 겉과 속이

다른 경우 열다섯 가지를 나열한 다음 이런 것들을 검증하는 여덟 가지 방법을 제시하고 있다. 먼저 겉과 속이 다른 열다섯 가지 경우다.

1. 겉으로 보기에는 어진 것 같으나 실제로는 생각이 없고 착하지 못한 자.

2. 겉으로 보기에는 온순한 것 같으나 실제로는 도적질하는 자.

3. 겉으로는 공경하는 척하면서 속으로는 교만한 자.

4. 겉은 겸손하고 삼가는 것 같아 보이지만 마음에 그런 뜻이 없는 자.

5. 치밀하지만 인정머리가 없는 자.

6. 물처럼 담박해 보이지만 실제로는 성의가 없는 자.

7. 일을 잘 꾸미지만 결단성이 없는 자.

8. 과감해 보이지만 사실은 무능하고 실천력이 없는 자.

9. 성실하게 보이지만 신의가 없는 자.

10. 어리석어 보이지만 사실은 충실한 자.

11. 괴이한 것을 좋아하고 과격한 언동을 하지만 실제로는 효과를 얻는 자.

12. 용감한 척하지만 사실은 겁을 내는 자.

13. 엄숙하고 성실한 것 같지만 마음속으로 남을 업신여기는 자.

14. 엄하고 냉혹한 것 같지만 차분하고 성실한 자.

15. 위신이 없어 보이고 풍채도 보잘것없지만 일은 무슨 일이든 주도면밀하게 제대로 완수하는 자.

이상 표리부동한 열다섯 경우에는 부정적인 경우와 긍정적인 경우가 함께 들어 있기 때문에 이런 인물들을 살필 때는 여간 주의해서는 안 된다. 그래서 강태공은 이를 확인하기 위한 다음과 같은 여덟 가지 감별법을 제시하고 있다.

> 1. 문제를 내어 그 하는 말을 들어보고 그 상세함 여부를 살피는 것이다.
> 2. 궁색할 때 그 언행이 어떤가 변화를 살피는 것이다.
> 3. 간첩을 보내 그 성의를 보는 것이다.
> 4. 분명한 사실을 물어서 그 덕을 보는 것이다.
> 5. 돈을 주어 일을 시켜 청렴 여부를 살피는 것이다.
> 6. 미녀로 시험하여 그 정절을 보는 것이다.
> 7. 어려운 일을 맡겨 그 용기를 보는 것이다.
> 8. 술에 취하게 하여 그 태도를 보는 것이다.

「용도 · 선장(選將)」

이상의 관찰법은 장수를 비롯하여 군대에 필요한 인원을 선발할 때 선발 기준으로 작용했을 것이고, 동시에 첩자를 모집하여 배양하고 살피는 기준으로도 유용하게 활용되었을 것이다. 이러한 추측은 『육도』의 다른 기록들을 통해서도 충분히 입증되는데, 반간을 통해 적을 무너뜨리는 열두 가지 방법을 언급한 대목이 특히 참고할 가치가 있다. 이는 무력을 쓰지 않고 적을 이기는 방법을 전문적으로 논한 「무도(武韜) · 문벌(文伐)」편에 보인다. 이 열두 가지 방법의 핵심을 간략하게 요약하면 아래와 같다.

1. 순(順) : 적의 기분을 맞추어 교만하게 만드는 것이다.

2. 분(分) : 적국의 중신과 친분을 맺어 군주의 권위를 갈라놓는 것이다.

3. 뇌(賂) : 적국 군주의 측근들에게 뇌물을 주어 내 쪽으로 끈다.

4. 오(娛) : 미인계 등 음란한 놀이로 적국 군주의 마음을 흩어놓는다.

5. 유(留) : 적국의 사신을 오래 머물게 하여 적국의 군주가 자기 신하를 의심하게 한다.

6. 간(間) : 적국의 신하를 매수하는 등 군신 간의 관계를 이간한다.

7. 수(收) : 적국 충신들의 마음을 매수하거나 이익을 암시하여 생산을 게을리하게 하고 내 쪽으로 기울어지게 한다.

8. 이(利) : 귀한 보물 등을 적국 군주에게 뇌물로 주고, 공동으로 영리를 꾀하여 상대방이 이익을 얻게 하여 나를 믿게 만든다.

9. 존(尊) : 적국 군주를 치켜세우고 그에 순종하는 척하여 마음을 흩어놓는다.

10. 신(信) : 자신의 몸을 낮추어 적국의 군주에게 신뢰를 사서 그 마음을 얻는다.

11. 새(塞) : 적국의 신하들을 매수하고 각종 유언비어를 퍼뜨려 적국을 총체적으로 흔들어 군주의 손발을 묶고 판단력을 흐리게 만든다.

12. 미(迷) : 적국의 난신들을 길러서 그 군주를 어둡게 만들고 동시에 미인계 등으로 군주를 음탕한 놀이에 빠지게 만든다.

『육도』의 이러한 첩자 이론은 『손자병법』의 「용간」편을 보다 심

화시킨 것으로 보인다. 이러한 추측은 「무도·삼의(三疑)」편에 보이는 '이친이친(以親離親)'이란 대목으로도 충분히 뒷받침되는데, 이는 적국의 최고층 내부에 대한 첩자 활동의 정수를 언급한 것으로 말 그대로 "적의 최측근을 이간하려면 이 최측근의 최측근을 매수해야 한다"는 것이다. 이밖에도 『육도』에는 첩자가 입수한 정보를 전달하는 은밀한 수단에 대해서도 언급하는 등 기본적인 첩자 이론과 반간 이론이 이미 성숙한 단계에 접어들었음을 잘 보여준다. 은밀한 수단이란 「용도·음부(陰符)」편과 「용도·음서(陰書)」편에 보이는데, 이런 은밀한 정보 전달 방식은 획기적인 의의를 가지며 현대 첩보전에서 말하는 암호(暗號)의 기원이기도 하다.

『육도』의 첩자 이론과 사상의 수준이 『손자병법』을 초월한다고는 할 수 없지만, 첩자 활용술과 그 방식이란 면에서는 크게 진보했음을 확인하였다. 그런 점에서 『육도』는 고대 첩자 이론사의 중요한 이정표라 할 수 있다.

첩자 조직과 첩보술

◉ 첩자의 역사를 통해 본 첩자 조직

사실 우리 삼국시대 첩자 조직이나 기구에 대한 직접적인 기록은 전무하다. 대신 첩자의 기술이라 할 수 있는 첩보술에 대한 정보는 상당한 편이다. 그런데 다양한 첩보술은 첩자 기구 내지 첩자 직위를 전제하지 않을 수 없게 한다. 이에 첩자 기구와 첩보술에 관한 일반적 정보를 사전에 공유함으로써 앞서 살펴본 삼국시대 첩자 사례에 대한 인식을 더욱 심화시키는 참고자료로 삼고자 한다.

삼국시대 첩자 기구 내지 첩자 직위의 존재 여부를 추론하거나 다양한 첩보술을 보편적 용어로 확인하기 위해서는 역시 중국 측 기록을 간접 방증 자료로 활용할 수밖에 없는 한계가 있다. 하지만 삼국시대 각국이 보여준 생생한 첩보 활동과 첩보술은 이러한 한계를 상쇄하고도 남는다. 우선 중국 쪽 첩자 기구 내지 첩자 직위를 중심으로 한 첩자의 변천사를 검토해보자. 이와 관련해서는 부록으로 제시한 첩자 이론서와 관련된 정보표를 함께 참고하면 좋을 것이다.(부록의 표4 참고)

첩자를 위한 전문적인 자리, 즉 직책이나 직위는 첩자라는 원초적 한계와 은밀성 때문에 매우 조심스러운 문제가 아닐 수 없었다. 따라서 기록에도 모호한 점이 많다. 또 앞서 살펴본 첩자 용어들 중 상당수가 직위의 명칭과 중복되기도 한다. 『육도』에는 첩자

를 위한 관직이나 기구를 상정할 수 있는 단서들이 이미 나타나고 있다. 그 밖에 고문헌들과 사서 및 각종 기록들에는 첩자와 관련 직위, 기구 내지 조직을 유추할 수 있는 단서들이 적지 않다. 특히 『손자병법』의 「용간」편은 첩자 기구를 전제하지 않고는 생각할 수 없는 내용들이 많다. 이런 점들을 근거로 하여 전문가들은 첩자와 관련한 전문적인 직위, 기구, 조직이 늦어도 전국시대에는 출현했을 것으로 본다.(춘추시대 진(晉)나라가 설치한 후정(候正)이나 후엄(候奄)과 같은 직위는 첩자와 관련된 것으로 상당히 높은 자리였다)

그러나 확실한 문헌자료로 입증되는 첩자 기구는 삼국시대의 '패부교사(霸府校事)'와 '중서성(中書省)'이다. 패부교사는 위나라 조조에 의해 설립되었는데, 주로 자신의 막료를 중심으로 한 '패부(霸府)'라는 기구 안에 첩보와 통신을 책임진 '사인(舍人)' 외에 비밀 첩자라 할 수 있는 '교사(校事)'라는 관직을 두면서 시작되었다. 동오에서는 이 교사를 '중서(中書)'라고도 불렀다. 이들 기구는 신료나 민간에 대한 감시와 정탐을 주로 담당하여 최고 통치자의 눈과 귀 노릇을 했다.

남북조시대 남북조시대에는 '전첨(典籤)'이란 기구(직위)가 설치되었는데, 지방 군사도시에 파견된 종실의 왕들이나 각 주의 자사들을 감시하고 통제하기 위함이었다. 여기에는 황제가 신임하는 측근이 임명되었다. 그런데 간혹 이 자리에 있는 자들이 권력을 남용하는 바람에 적지 않은 반발을 불러오기도 했다. 남북조시대 첩자의 특징이라면 필체를 모방하거나 편지 따위를 위조하는 일이 많았다는 사실을 들 수 있다.

수나라　수는 황제가 직접 통제하는 공개적이고 독립적인 감찰 기구인 어사대(御史臺)를 설립하여 내외 관료들에 대한 광범위한 감시활동을 펼쳤다. 이 기구는 우리나라 조선시대 암행어사 제도의 기원이기도 하다. 군사 방면에서는 좌우무후(左右武候)를 설치하여 황제의 경비 외에 방첩(防諜)과 황제의 행차와 관련한 정찰 임무를 맡았다. 수나라는 불과 37년 존속했지만 치밀한 첩자 활동은 당나라에 아주 큰 영향을 주었다. 특히 배구는 문자 정보와 군사용 지도를 하나로 통합하여 첩보 분야를 전례가 없는 새로운 단계로 끌어올렸다. 이러한 배구의 실용적 첩자 논리는 641년 당 태종이 공식 사신으로 고구려에 보낸 진대덕이 고구려 관리들을 뇌물로 매수하여 곳곳의 지리 형세를 염탐한 경우와도 관련이 있다. 우리나라 삼국시대 기록 일부에도 삼국(주로 고구려)에 대한 수나라의 첩자 활동이 보인다.

당나라　당은 주로 조정에 불만을 품은 문무관원을 탄압하기 위한 비밀 사찰 기구를 많이 설치했는데, 주로 환관들이 세력을 장악했을 때 설치되었다. 이런 기구에서 활동한 첩자를 특별히 '찰사청자(察事廳子)' 또는 '찰사청아(察事廳兒)'라 불렀는데, 보통은 줄여서 '찰자(察子)'라 불렀다. 어사대의 찰원(察院)도 황제의 눈과 귀 역할을 했다. 755년 안사의 난 이후에는 '비상사태를 위한 자리'라는 의미를 가진 '비상관(非常官)' '감군(監軍)'이 설치되어, 황제를 대신하여 군대에 대한 치밀한 감시 활동을 벌였다.

또 당대에는 지금까지 주목받지 못한 방대한 첩자 기구인 '진주원(進奏院)'이란 것이 있었다. 이는 지방 번진들의 세력이 중앙을

압도하면서 만들어졌는데, 각지의 번진 세력들이 중앙 정부에 보고한다는 명목으로 경성 장안에서 각종 정보를 수집하던 첩자 정보 조직이었다. 여기서 한 가지 흥미로운 사실은 이 기구의 출현으로 중국 역사상 최초의 뉴스 정보지가 만들어졌다는 것이다. '개원잡보(開元雜報)'라는 것이 그것인데, 조판인쇄로 진주원 관계자가 편집했다. 그 내용은 주로 정치와 군사에 관한 간략한 정보를 전달하고 있다. 이 정보지는 정보 신문의 원조가 되었을 뿐만 아니라 중국 첩자 역사에서 첩보에 의한 정보를 공개 문서의 형식으로 만드는 발단이 되었다.

첩자 이론과 관련해서는 이정의 『이정병법』, 이전(李筌)의 『신기제적태백음경』, 두우(杜祐) 등의 『손자』에 대한 주석 등이 출현하여 『손자병법』 이래 두 번째로 첩자 이론의 전성기를 연출했다.

송나라　송은 태조 조광윤이 981년 당나라 때 설립된 '무덕사(武德司)'를 '황성사(皇城司)'로 고쳐서 대내외의 정보를 캐는 전문 첩자 조직으로 만들었다. 남송 때는 금을 위해 일한 간신배 첩자 진회가 황성사를 통제하면서 특무 공포통치를 자행하기도 했다. 송대는 중국 첩자 발전사에서 최후의 성숙한 단계로 평가받는다. 이러한 평가를 뒷받침하는 구체적인 특징들로 첩자 활동이 전략성을 갖추기 시작한 점, 첩자의 지위가 크게 향상된 점, 암호·도청 등 첩보술 방면에 새로운 돌파구가 열린 점, 첩자 이론 및 기구가 한 단계 더 발전한 점을 꼽는다. 첩자 관련 이론서로는 허동(許洞)의 『호검경(虎鈐經)』, 화악(華岳)의 『취미북정록(翠微北征錄)』, 시자미의 『시씨칠서강의』등과 『손자병법』에 관한 여러 주석서 등이 출현했다.

원나라　원은 워낙 넓은 지역을 통치했고 대외교류가 전례가 없을 정도로 발전했던 시기다. 이 때문에 아시아, 유럽의 상인과 선교사들이 속속 중국으로 들어왔고 그중에는 첩자 활동을 한 사람들이 적지 않았던 것 같다. 말하자면 중국 첩자의 역사가 국제성을 띤 시기로 원은 일본, 안남(베트남), 고려, 자바, 버마 등을 원정하기 위한 폭넓은 정보 수집 활동을 벌였던 것으로 알려져 있다. 이러한 현상은 중국 첩자 활동이 새로운 단계, 즉 대외교 첩자와 반간첩(방첩)의 시기로 진입했음을 나타낸다.

명나라　명나라의 첩자 조직은 중국 역사상 가장 악명 높은데, 태조 주원장(朱元璋) 때부터 시작되었다. 주원장은 삼국시대의 '패부교사'를 모방하여 검교관(檢校官)을 설치했다가, 이어 특별히 완벽한 계통을 갖춘 첩자 특무 기구인 '금의위(錦衣衛, 정식 명칭은 금의위친군지휘사사)'를 만들어 신료들과 백성들을 철저하게 감시하고 통제했다. 여기에는 전문 법정과 감옥이 설치되어 있어 첩보에 의해 체포되어 온 사람들을 고문하고 가두었는데, 죄상 날조와 가공할 고문으로 숱한 사람들이 죽어나갔다.

중기 이후로는 환관들이 설치면서 '삼창(三廠, 동창·서창·내행창)'이 잇달아 설립되었다. 이들 기구는 전문적인 첩자 특무 기구로, 신료들과 일반 백성들에 대한 악랄한 사찰은 물론 수단 방법을 가리지 않고 서로를 견제하는 등 명대 정치를 철저한 암흑으로 몰아넣었다. 그러나 이렇듯 악랄하고 지독한 첩자 특무 기구로도 명 정부는 통치와 국가의 안정을 강화하지 못했을 뿐 아니라 반대로 내부의 분열과 생산력 침체, 통치력 약화, 계급과 민족 간의 갈등

명 태조 주원장 주원장이 만든 첩보 기구는 철저히 내부감찰을 위한 조직이었다. 그는 이 조직을 통해 자신의 야만적이고 무자비한 독재 정권을 강화했고, 명나라는 그 여파로 중국 역사상 가장 암울한 시대로 점철되었다.

을 야기했다. 이는 첩자 기구 및 그 활동이 기형적으로 발전한 필연적 산물이었다.

이런 부정적 측면에도 불구하고 명대에는 첩자 수단이 계속 새로워지고 수준도 높아진 것으로 평가받는다. 특히 향간과 반간을 교묘하게 이용한 점, 상인을 대량으로 첩자로 활용한 점, 농민 봉기군의 첩자 활용 수준이 높아진 점이 주요한 특징으로 꼽힌다. 이와 함께 첩자 이론도 장족의 발전을 이루어 유인의 『무경칠서직해』, 조본학(趙本學)의 『손자서교해인류(孫子書校解引類)』, 무명씨의 『초려경략(草廬經略)』 등이 출현했다.

청나라 만주족의 청은 명의 특무 기구가 초래한 부작용을 의식하여 표면적으로는 첩자 기구를 두지 않았으나, 신료나 민간에 대

한 통제와 사찰은 여전했다. 옹정제는 이 방면에서 남다른 능력을 보였는데, 각지에 '나찰(邏察)'이라 불리는 심복들을 보내 경성 내외에서 은밀히 활동하면서 신료와 민간의 언행을 감찰하고 보고하게 했다. 강희제는 '밀절언사(密折言事)'라는 비밀 첩보를 제도화했는데, 첩자 활동을 정부 관리의 직능에다 포함시켜 거대한 비밀 첩보망을 형성하여 중앙과 지방의 각급 정부 기구를 낱낱이 통제하고 감시했다. 또 함풍제 때는 태평천국운동을 진압하기 위해 정보의 수집과 분석을 맡은 '정보채편소(情報采編所)'를 두기도 했다.

19세기 말 서구 열강들과 일본의 침투에 체면을 크게 구긴 청 정부는 중국 역사상 최초의 현대화된 첩자 기구인 '군자처(軍咨處)' 제2청을 설치하여 대외 각국에 대한 첩자 활동과 방첩 활동을 전문적으로 맡겼다. 이 제2청은 조직이 치밀하고 업무는 확실하게 구분돼 있었다. 대상 국가별로 구체적으로 진행할 첩자와 방첩에 따라 5과로 나뉘었다. 일본과와 조선과를 비롯하여 러시아과, 영국과 미국 및 영어를 사용하는 국가과, 독일·오스트리아 및 독일어를 사용하는 국가과, 프랑스·이탈리아 및 불어를 사용하는 국가과가 그것이었다.(한편 이보다 조금 늦게 조선은 1902년 6월에 제국익문사(帝國益聞社)라는 비밀 정보기관을 설치하는데, 이는 우리나라 최초의 근대 첩자 기구였다)

이상 간략하게 중국 첩자와 그 조직의 역사를 훑어보았다. 한편, 전문적인 첩자 조직의 특징은 크게 네 가지 정도로 정리된다. 첫째, 군을 포함한 정치에 종속된다는 점이다. 감찰 기구와 첩자 기구는 대부분 하나로 통합되어 있는 것이 보통이다. 둘째, 내 쪽의 첩자 활용과 상대의 첩자를 역이용하는 반간의 구분이 없다. 셋째,

여러 조직이나 기구가 서로를 동시에 감시하고 견제한다. 넷째, 첫째 특징과 관련한 것으로 임시성을 들 수 있다. 첩자 활동은 대부분 군대나 정부의 수뇌부가 임시로 모집하여 진행하거나 사안별로 비밀리에 파견하는 경우가 많기 때문이다.

그리고 첩자 기구의 발전 맥락을 보면 전문적인 첩자 직위를 설치하는 것에서 점차 전문적인 첩자 기구를 조직하는 것으로 발전하고 있음도 확인된다. 이러한 변화는 시대적 상황을 반영한 것으로 보이는데, 전국시대와 같이 여러 나라가 패권을 쟁탈하는 국면에서는 개체가 중시될 수밖에 없었고, 따라서 개체의 능력을 중시하는 첩자의 직위가 주로 설치되었던 것이다. 물론 그렇다고 해서 첩자 기구나 조직이 없었던 것은 아니다. 반면 진이 전국을 통일한 이후로는 개체보다는 조직(국가)을 중시하는 방향으로 첩자의 핵심 개념이 바뀌면서 직위보다는 기구를 조직하는 것으로 변화된 듯하다. 이와 동시에 통일 이후 대내적으로는 내부 감시를 주로 하는 방향으로 첩자(첩보) 조직이 재편성되었다. 그리고 외국을 상대로 한 대외 첩자 기구는 별도로 마련되었던 것으로 보인다.

기구 조직을 주로 한 첩자 기구는 통일국가의 통제력이 약화되고 지방 세력들이 발호할 때면 그 성격이 다시 변화하여 첩자 개체를 중시하는 경향을 보인다. 이때는 대개 첩자의 고유성과 군사적 성격은 희미해지고 지방 세력의 맹주 개인에 딸린 사조직의 한 요소로 변질된다. 그리고 첩자와 고유한 용어들도 사라지거나 변화한다. 이러한 변화는 대개 공식 기록이나 문건에는 제대로 반영되지 않는 것이 보통인데, 이는 결국 첩자가 갖는 익명성과 은밀성에서 기인할 뿐 아니라 첩자가 변태적 권력의 하수인이나 소모품으

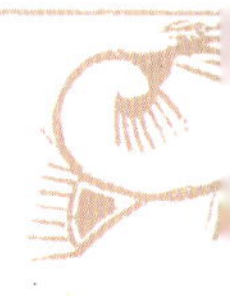

로 전락했기 때문으로 볼 수 있다.

요컨대 첩자와 관련한 직위나 기구 조직은 각 시대의 성격에 따라 변화하고 발전하거나 때로는 변질된 모습으로 각종 기록에 그 편린을 드러내고 있다. 따라서 첩자 연구는 그 시대와 사회상의 한 단면을 심층적으로 이해할 수 있는 상당히 흥미로운 주제가 된다. 첩자 연구의 어려움과 필요성이 동시에 여기에 있는 셈이다.

삼국시대 첩자 기구와 직위의 변화상도 대체로 위와 같은 일반론에 적용하여 살펴볼 수 있을 것이다. 신라가 삼국을 통합한 이후로 첩자에 대한 구체적인 기록이 거의 보이지 않는 대신, 지방 군진세력의 사조직 형태로 변질된 것도 그 한 증거로 볼 수 있다. 구체적인 사료를 확인할 길이 없어 더 이상의 추론은 힘들지만, 삼국시대 전반에 걸쳐 대단히 활발하게 전개되었던 첩자 활동상을 염두에 둔다면 이 같은 추론이 추론에만 머물지는 않을 것이다.

◉ 다양하고 기발한 고대 첩보술

삼국시대 첩자 직위나 기구에 대한 구체적인 상황을 확인하기는 힘든 반면, 첩자의 활동 내용이라 할 수 있는 첩보술에 관해서는 상대적으로 많은 정보를 얻을 수 있다. 따라서 첩보술에 관한 일반론과 그 내용을 알아봄으로써 앞에서 검토한 삼국시대 첩자 활동과 첩보술에 대한 인상을 보다 강화시키고자 한다.

첩보술은 첩보 기술의 줄임말이다. 첩자 활동의 필요에 따라 생겨나서 발전하고 그 수준이 높아진 기술이라 정의할 수 있다. 그러

나 첩자 활동의 은밀성 때문에 그 기술의 내용이 제대로 남아 있지 않은 것도 사실이다. 또 유교의 명분주의를 중시했던 동양사회에서 유교적 이데올로기가 강화되면서 이러한 은밀한 활동을 경시하게 되고, 결국은 첩보술에서 시대와 서양에 뒤떨어지는 결과를 초래한 것 같다. 우리나라에서 삼국시대 이후 첩자의 존재나 그 활동상이 거의 확인되지 않는 까닭도 이와 관련이 있을 것이다.

중국 측 기록 곳곳에 단편적으로 남아 있는 첩보술을 하나하나 알아보기에는 번거롭기 때문에 첩보술의 명칭과 그 핵심 내용을 알기 쉽게 도표로 정리하여 부록으로 붙여두었다.(부록의 표4 참고)

중국 측 기록에 남아 있는 첩보술을 개관해보면, 오늘날 스파이들이 사용하고 있는 다양한 첩보술 가운데 첨단 과학 장비를 이용한 것을 제외한 모든 첩보술이 총망라되어 있다. 첩보술의 3대 기본 요소라면 미행과 추적 그리고 감시를 들 수 있다. 그리고 이 세 요소는 모두 한데 어우러져 복합적이고 입체적으로 구사될 수밖에 없다. 이 과정에서 동원되거나 사용되는 보다 구체적인 첩보술이 부록의 표에 열거된 항목들이라 할 수 있다. 이들 중 몇 가지를 현대 스파이들이 활용하는 첩보술과 간단하게 비교해본다.

먼저 가장 전형적인 첩보술인 '절청(竊聽)'이다. 이 용어는 '훔쳐듣기', 즉 '도청(盜聽, bug/eavesdropping/wiretapping or tapping)'이다. 지금은 최첨단 장비로 음성이나 움직임을 탐지하거나 적의 유무선 통신망을 감청하지만, 고대에는 직접 숨어 엿듣거나 부록의 표에서 보다시피 땅을 파고 숨어서 또는 땅 속에다 항아리를 묻고 그 안에 들어가 엿들었다.

'통신(通訊)'은 수집한 정보를 일정한 방법으로 전달하는 첩보

술이다. 전통적인 통신 체계인 우편이나 역마 또는 봉수를 이용하는 것은 일반적인 전달 방식이었다. 위험성이 크긴 했지만 물에 흘려보내는 방법도 있고, 연을 띄우거나 화살을 날려 보내는 방법도 있다. 이와 관련해서 신라의 경우 647년 비담의 난 때 김유신이 연을 이용하여 반란군 진영을 교란시킨 기록이 남아 있어 눈길을 끈다. 이 밖에 비둘기 등 잘 훈련된 동물을 이용하기도 했다. 실제로 비둘기는 1차 세계대전 때까지 세계 각국 정보기관이나 첩자들의 주요한 통신수단으로 이용되었다. 우리 기록에는 김유신이 백제와의 도살성 전투에서 새를 이용하여 정보를 교환한 사실이 남아 있다.

'밀마(密碼)' · '대호(代號)' · '비어(秘語)'는 모두 현대의 '부호와 암호(cipher)'에 해당하는 첩보술인데, 한자 문화권에서는 한자가 갖는 다의(多義)적 특성을 이용하는 등 다양한 방법이 보인다. 우리가 앞에서 살펴본 바 있는 고구려를 공격하던 당나라 이적의 군대가 접수했던 '이합시'도 여기에 해당한다.

그 밖의 첩보술들도 현대 첩보전에 거의 예외 없이 등장하는 것들일 뿐 아니라 어떤 면에서는 지금보다 더 다양하고 기발한 점도 없지 않다. 더 상세한 정보를 원하는 독자들은 부록의 표를 참고하기 바란다.

삼국시대 이후 첩자는 우리 역사에서 거의 자취를 감춘 것처럼 보인다. 이는 우선 상대가 없어졌기 때문이지만 첩자 행위 자체까지 사라진 것은 결코 아니었다. 첩자의 본질은 엿보기와 이간이다. 이는 인간의 가장 근원적인 욕망의 일부다. 따라서 이런 행위 자체는 소멸될 수가 없다. 첩자와 그 행위는 기본적으로 이런 인간의 욕망을 국가와 이념 그리고 개인적 신념 따위로 묶은 결과물이다. 따라서 첩자는 인간의 근원적 욕망을 일정한 시스템을 통해 억제된 형태로 대리 분출하는 존재라 할 수 있다. 이것이 첩자의 건강성이라면 건강성이다. 그러나 이런 본질을 상실했을 경우, 다시 말해 국가나 통치자 또는 권력이 기본적인 건강성을 잃었을 때 첩자의 성격도 변질될 수밖에 없다. 그리고 이때 근원적 욕망은 내부로 향하게 된다.

삼국시대 이후 첩자의 본질은 퇴색되었다. 삼국을 통합한 신라의 통치계급이 후기로 갈수록 사병 조직을 확대하고 지방 세력도 독자적으로 힘을 길러 중앙에 맞서면서, 종래 외부의 적을 겨냥했던 첩자와 그 조직은 내부의 정적이나 세력 쪽으로 창 끝을 돌리게 되었다. 그리하여 첩자들은 일개 가신과 같은 성격으로 추락하여 오로지 개인의 이익만을 추구하는 욕망 덩어리로 변질되었다. 장보고를 암살하는 대가로 염장이 내세운 조건이란 것이 '조정에서 자신의 말(요구)만 들어준다면' 바로 이것이었다. 국가도 충성도 신념도 사라진 채 사욕만 남은 모습이다.

후삼국에 오면 상호 간의 투쟁은 물론 중국 정권들과의 대외관계도 필요했기 때문에 본래의 첩자의 모습으로 환원되었으리라는 추측은 해보지만, 사료상의 한계와 필자의 역량 부족으로 더 이상은 말하기 힘들다. 그리고 고려를 거쳐 조선에 오면 지금까지 우리가 살펴보았던 첩자의 모습은 사라지고 없다. 첩자 행위 자체를 깔보는 유교식 사고방식이 가장 큰 원인이었지만, 사대주의에 안주한 채 넓은 세상을 보려하지 않았던 우물 안 개구리식의 의식이 건강한 첩자마저 허락하지 않았던 것이다. 조선은 정보력 부재로 망했다고 해도 지나친 말이 아닐 것이다. 오죽했으면 외국에 대한 정보조차 제대로 수집하고 분석하려 하지 않았을까? 우리는 그 증거를 조선 통신사들이 임진왜란 직전 일본의 동향을 파악하고 돌아와 올린 너무도 상반된 보고를 통해 착잡한 심정으로 확인하게 된다.

조선은 사실 임진왜란을 계기로 망했어야 했다. 역사적 사명과 수명을 다한 정권이 외부의 침략을 발판으로 기사회생한 것이 우리 역사의 불행이라면 불행이다. 이후 정권은 더욱 광분했다. 지배층은 자기들끼리 죽고 죽였으며, 자기 백성들을 무자비하게 탄압하길 주저하지 않았다. 정조의 안간힘도 뜻있는 사람들의 몸부림도 모두 허사였다. 귀신과 싸울 수는 없는 노릇 아닌가? 결국 조선은 자신들의 손으로 재건할 기회를 잃고 남의 손에 구조 조정을 맡기는 꼴로 제2의 수명을 다했던 것이다.

사실 첩자를 수식하는 단어들은 대부분 부정적인 이미지를 준다. 하지만 첩자라는 용어는 철저하게 '중성(中性)'적이라는 점을 인식해야 한다. 이 단어에 부정적인 뜻은 애당초 없었다. 그렇다면 첩자를 부정적인 개념으로 받아들이게 된 역사적 사회적 원인은 무엇인가? 그것은 결국 이들을 이용한 자들이나 권력에 의한 왜곡 때문이다. 국가안보, 민족, 애국으로 포장한 기만적 권력욕에 많은 이들이 악용당했고, 그 과정에서 기만적 국가와 권력이 자의적으로 설정하거나 조작한 적국(조국)의 첩자(간첩)를 극악무도한 존재들로 낙인찍었다. 그 결과 첩자(간첩)는 우리에게 끔찍한 개념이자 이미지로 깊게 각인되었다. 첩자(간첩)라는 사회 역사적 존재가 독재정권을 지탱해주는 비열한 도구로 이용되어 국민과 민족을 이간시키는 조작의 극치로 타락하는 현상을 우리는 실제로 경험했다. 이는 우리 현대사의 많은 비극 가운데 하나다.

반면 고대의 첩자들은 철저하게 중성으로 남아 있다. 기록 어디에서도 첩자를 부정적으로 보는 인식은 찾을 수 없다. 오히려 때로는 그들의 영웅적 행위가 심금을 울리기까지 한다. 물론 이중 첩자의 역할을 하기도 했고 매국 행위도 했다. 그러나 이 모든 것이 첩자의 고유성이다. 적어도 거기에는 인간성은 남아 있을지언정 추악한 권력욕이나 탐욕은 보이지 않기 때문이다. 첩자를 관음증의 산물로 보는 서양의 삐뚤어진 시각도 우리 기록에 남은 고대 첩자들에게는 적용되지 않는다. 그러한 서양의 논리는 첩자를 인간 본능의 취약한 부분을 악의적으로 이용하는 국가가 허가한 관음증의 부산물 정도로 밖에는 보지 않으려는 또 다른 폭력적 논리의 연장선상에서 비롯된 것이다.

첩자는 시대에 따라 변화될 수밖에 없는 운명이다. 첩자는 능동이 아닌 수동의 개념에 지배되고 종속되는 존재이자 개념이다. 첩자에 관한 이런저런 말들과 평가가 있었지만, 첩자가 인간의 역사에 등장했던 수많은 보통 직업 가운데 한 가지로 취급될 때 본연의 의미를 찾을 것이다. 역사에서 인간의 작용은 그 인간이 어떤 직업을 가졌든 긍정과 부정이라는 두 측면 모두에서 발휘되어왔고, 첩자 역시 마찬가지다. 다만 정도의 차이와 균형 그리고 자아통제 내지 자기 절제의 차이가 있을 뿐이다. 게다가 그나마도 편견과 선입견에 지배당해왔다는 부당한 대우를 감안한다면 첩자는 이제 본격적으로 연구되어야 할 연구 대상의 하나로서 존재가치를 가진다. 부당한 대우에 대한 처우 개선이 선행되어야 한다. 그 개선의 과정이 쉽지는 않겠지만 말이다.

이 작업이 익명으로 사라져간 수많은 첩자들의 사회 역사적 의미를 복권시키는 그런대로 쓸 만한 주춧돌 하나라도 되었으면 좋겠다.

부 록

이름	내용	출전	비고
방작(邦汋), 방첩(邦諜)	국가의 비밀을 짐작하여 훔치는 것	『주례·추관·사사』『주례정의』	가장 오랜 기록
간(間), 간인(間人), 간복(間伏), 간사(間使), 간탐(間探), 간첩(間諜)	틈을 엿보고 사이를 갈라놓는 행위나 사람 (가장 일반적인 용어의 하나)	『손자병법』 「용간편」 『한서』『삼국지』 『사기』『송사』 『오기병법』 외	『손자병법』 「용간편」에는 35회 '간'이 출현함
첩(諜), 첩자(諜者), 첩인(諜人), 첩후(諜候), 첩적(諜賊), 첩보(諜報)	첩보 활동과 그 활동 주체자와 관련된 용어로 '간'과 함께 가장 많이 사용됨	『좌전』「애공원년」 『오대사』『주례』 『송사』 외	주로 정보 획득 활동과 관련된 용어임
유사(游士), 유정(游偵)	국내외를 돌며 선전과 정찰을 목적으로 한 사신	『국어』「제어」 『육도』『좌전』	특수한 용어에 속함
후(候), 후인(候人), 후형(候詗), 후정(候正), 후엄(候奄), 후관(候官)	정찰, 정보 수집, 정보 공작, 군사 정보와 관련된 용어들임	『묵자』『시경』 『구당서』『좌전』 『회남자』 외	군사와 주로 관련된 용어임
우후(虞候)	첩자 활동을 책임진 자리	『주서』「환과전」	첩자 조직과 직위 '우후도독'
형(詗), 형사(詗伺)	반간(反間), 은밀한 염탐자	『사기』 『자치통감』	
사(覗)	엿보거나 훔쳐본다는 뜻	『방언』『집운』	'사(伺)'와 동의어
현(倪)	고대 간첩의 별칭	『이아』「석언」 『간서』	

이름	내용	출전	비고
첨(覘), 첨후(覘候)	첩자와 동의어	『설문해자』「견부」『삼국지』	동사→명사
정(侹=偵)	고대 첩자나 정탐의 별칭이자 벽자	『갈관자』「왕철」편	정(偵)과 음이 같음
향도(鄕導=嚮導)	첩자로 삼은 적국의 향민을 가리킴	『손자병법』「용간」편	첩자의 하나로 분류
간세(奸細), 간인(奸人)	첩자와 비슷한 용어임	『진서』『송사』『전국책』『회남자』	
세작(細作)	첩자에 대한 다른 표현임	『이아』『구당서』	일정한 시기의 용어임
이목(耳目), 안선(眼線=內線) 안목(眼目)	첩자의 다른 표현들임	『관자』『육도』『청고종실록』	이목 외에는 후대의 용어들임
행인(行人)	사자(使者)의 통칭에서 첩자의 다른 표현으로 바뀜	『좌전』	외교 활동과 첩자 활동의 연계
찰자(察子), 찰사졸(察事卒) 찰전(察戰), 탐사졸(探事卒)	정보 수집을 주로 하는 첩자와 관련된 용어들임	『광릉요난지』『송사』『삼국지』 외	찰전은 오나라 첩자 관직, 첩자 기구
와내(臥內)	첩자에 대한 민간 용어	『십일가손자주』	'와저(臥底)'와 동의어
정(偵), 정라(偵羅), 정첩(偵諜), 정후(偵候)	반간 등 첩자와 관련된 용어들임	『사기』『후한서』『진서』 외	『경무요략』「정후」편
도하(跳河), 양래(兩來)	적의 경계를 정보 탐문 및 첩자의 별칭	『취미북정록』(남송, 화악)	남송시대의 속어임
조탐(爪探), 광탐(廣探), 채탐(采探)	첩자에 대한 별칭들임	『연병실기』(명, 척계광)『취미북정록』	

(붉은색으로 표시된 용어는 우리 기록에도 등장하는 용어임)

표2 삼국시대 첩자 관련 용어

이름	출전	비고
내첩(來諜), 첩자(諜者)	『사기』 권5 「신라」 5 ; 권42 '김유신열전'(중)	진덕여왕 3년(649) 백제 → 신라 → 백제
규첩(窺覘)	권6 「신라」 6	문무왕 10년(670) 백제 → 신라
세작(細作)	권7 「신라」 7	문무왕 11년(671) 신라 → 당, 고구려
향도(鄕導)	권7 「신라」 7 (신라 숙위학생 풍훈이 당을 위하여 향도를 자처함)	문무왕 15년(675)
반간(反間)	권13 「고구려」 1	유리왕 11년(기원전 9) 고구려 → 선비
행인(行人)	권18 「고구려」 6	장수왕 54년(466) 위 → 북연
척(斥), 봉후(烽候)	권20 「고구려」 8	영양왕 23년(612) 고구려 → 수
첩(覘)	위와 같음	위와 같음 수(백제) → 고구려
첩(覘)	위와 같음	영류왕 24년(641) 당(진대덕) → 고구려
규사(窺伺)	권21 「고구려」 9	보장왕 사론 고구려 → 당
사(伺), 첩(諜)	권22 「고구려」 10 ; 권49 '개소문열전'	보장왕 25년(666) 남생 → 남건, 남산
향도(鄕導)	위와 같음	보장왕 27년(668) 당(남생) → 고구려
간첩(間諜)	권25 「백제」 3	개로왕 21년(475) 고구려 → 백제

이름	출전	비고
군도(軍道＝軍導)	권27 「백제」 5	위덕왕 45년(598) 백제(수) → 고구려
첨(覘)	위와 같음	무왕 8년(607) (수)백제 → 고구려
첩자(諜者)	권41 '김유신열전' (상) (고구려 승려 첩자 덕창)	선덕여왕 11년(642) 고구려→신라→고구려
사간(伺間)	권41 '김유신열전' (중) (조미압을 첩자로 활용)	태종무열왕 1년(654) 신라 → 백제
첩지(諜知)	위와 같음	태종무열왕 7년(660) 당 → 신라
첩자(諜者)	위와 같음(고구려 첩자를 파악한 김유신)	고구려 → 신라
첨(覘)	권44 '거칠부열전'	6세기 중반 신라(거칠부) → 고구려
첩자(諜者)	권47 '소나열전'	문무왕 15년(675) 말갈 → 신라
첩자(諜者)	『유사』 권 제4 '의상전교' (원효와 의상이 고구려에게 첩자 혐의를 받고 구금됨)	진덕여왕 4년(650)
첩자(諜者), 첨인(覘人)	『자치통감』 권198 ; 『신당서』 권220 (고구려 첩자 고죽리)	정관 19년(645)

(표에서 『유사』는 『삼국유사』를, 『사기』는 『삼국사기』의 줄임말이며, 『삼국사기』의 「신라본기」는 「신라」, 「고구려본기」는 「고구려」, 「백제본기」는 「백제」로 줄였고 나머지는 편명을 그대로 사용했다. 비고란에는 시간과 공간에 대한 줄기를 파악하기 쉽게 각국의 왕과 연도 및 첩자 활용국과 상대국을 함께 표시해 두었다. 첩자와 관련된 용어들을 소개한 표이기 때문에 이런 용어들을 사용하지 않으면서도 명백히 첩자 활동을 기록한 사료들이 빠졌다. 이 기록들을 합치면 관련 항목들은 훨씬 늘어난다.)

표3 『손자병법』·『육도』 이후 첩자 관련 이론서 정보

이론서명	작자(시대)	첩자 관련 부분·내용
『이정병법(李靖兵法)』	이정 (李靖, 571~649, 당)	'장무병모(將務兵謀)'편, 적극적 첩자 활용 주장, 첩자 관련 소백과사전
『신기제적태백음경 (神機制敵太白陰經)』	이전 (李筌, 미상, 당 8세기)	'행인(行人)'편, 첩보를 위한 언어 기교를 특별히 강조, 『손자병법』 이후 유일한 첩자 이론서, '첩자'와 관련하여 '행인'이란 용어 등장
『두목주손자 (杜牧注孫子)』	두목 (杜牧, 803~852, 당)	'내간(內間)'에 대해 한층 구체적이고 상세하게 분석하여 새로운 첩자 사상 제기, 첩자에 대한 우대를 특별히 강조
『호검경(虎鈐經)』	허동 (許洞, 976~1015, 북송)	'지간(知奸)' '사간(使間)'편, 손자와 이전의 사상 계승, '용간팔술(用間八術)' 제기, 특히 적의 첩자를 간파할 것을 강조
『취미북정록 (翠微北征錄)』	화악 (華岳, 미상, 남송 12~13세기)	첩자 활용의 중요성, 방법, 첩자 모집에 중점을 둔 사상, 방법론으로 정보 전담기구와 인원 설치, 종합 첩보망, 첩자의 자질과 보상 강조, 방법론에 치우쳐 전략적 주도 이론 부족
『시씨칠서강의 (施氏七書講義)』	시자미 (施子美, 미상, 남송 13세기)	첩자 활용의 가치관, 인재관, 기획, 기밀 보안성 등에 대해 분석, 첩자 정보 수집을 과장
『무경칠서직해 (武經七書直解)』	유인 (劉寅, 미상, 원말 명초 14세기)	첩자 활용에 있어서 안팎의 호응을 중시, 역대 첩자 사례에 대한 치밀한 고증, 첩자를 속임수로 폄하하는 유교적 인식 한계를 보임

이론서명	작자(시대)	첩자 관련 부분·내용
『손자서교해인류 (孫子書校解引類)』	조본학 (趙本學, 미상, 명 16세기)	첩자 활용의 주의점, 첩자의 장단점 파악, 이해관계 고려 등을 강조, 첩자의 작용을 지나치게 과장하고 신비화한 단점이 있음
『초려경략(草廬經略)』	무명씨 (미상, 명 16세기)	첩자 관련 전문적인 용어와 이론 등장, 첩자에 상인 활용 등 남다른 견해가 적지 않음
『투필부담(投筆膚談)』	하수법 (何守法, 미상, 명말 17세기)	'첩간(諜間)' '적정(敵情)' '방사(方士)' 편, 너와 나 쌍방이 모두 첩자를 활용한다는 점을 확실히 인식하여 '쓰되 믿어서는 안 된다'고 강조함
『병경백자(兵經百字)』	게훤 (揭暄, 미상, 청초 17세기)	청 초기 대표적 이론서로 큰 영향을 줌, 첩자에 대한 다양한 분석과 언어, 표정, 목소리, 몸짓까지 언급한 치밀한 첩자 이론서로 평가
『간서(間書)』	주봉갑 (朱逢甲, 미상, 청말 19세기)	고대의 유일한 첩자 전문서, 용어, 관련 이론서, 첩자 중요성, 첩보술, 첩자 분석, 풍부한 사례 등 종합적인 성격의 이론서, 농민봉기 진압을 목적으로 편찬되었다는 한계를 보임
『향초속교서 (香草續校書)』	우창 (于鬯, 1864~1910, 청말)	『손자병법』의 이론을 더욱 개발하여 독창적인 견해를 제시함

(위 표에 제시된 이론서들 외에도 『제자백가서』를 비롯한 역대 병법서, 고적(古籍) 등에도 부분적으로 첩자와 관련된 정교한 이론들이 흩어져 있지만, 이것들을 일일이 수색하여 분석하기가 번거롭고 또 위 이론서들의 범주에서 크게 벗어나지 않는다.)

명칭	주요 내용	관련 기록	비고
절청(竊聽)	땅 속이나 땅 속에 묻은 항아리에 숨어 엿듣는 첩보술	『묵자』「비혈」 『통전』 외	현대의 도청술
통신(通訊)	우역(郵驛), 동물(낙타, 개, 비둘기), 봉수, 하천, 연, 화살 등을 이용하여 정보를 전달하는 첩보술	『좌전』『사기』 『취미북정록』『성경』 『묵자』『수서』 『자치통감』 외	『삼국사기』 '김유신열전', 현대 통신수단으로도 유효함
밀마(密碼)	통상적 암호를 이용한 통신 전달 첩보술로 물건, 문서, 글자, 숫자 등을 이용한 다양한 방법이 보임	『육도』『손자병법』 『초려경략』 『무경총요』 외	현대의 각종 암호술
대호(代號)	첩자나 첩자 기구 등과 관련된 기밀 사항의 보안을 위해 사용하는 가명이나 별칭	『취미북정록』 『수호전』	현대의 각종 가명이나 별명
비어(秘語)	은어(隱語), 유어(謬語) 등으로도 불리는 다른 단어를 사용하여 암시하는 첩보술	『좌전』『취미북정록』 『문심조룡』『삼국지』	현대의 은어
암기(暗器)	첩보에 사용되는 비밀 무기	『월절서』『전국책』 『삼국지』『무비지』 외	현대 첩보원의 비밀 무기
독약(毒藥)	암살이나 자살을 위한 약물	『좌전』『간서』 외	독극물
모적(摹迹)	적의 문서를 모조하는 첩보술	『사기』『간서』 외	현대의 복사(copy), 촬영
밀사(密寫)	정보 등을 적이 눈치 채지 못하게 전달하기 위해 명반수(明礬水)와 같은 특수 액체 등으로 문서를 작성하는 첩보술	『송사』 외	현대 특수 용지와 문서

명칭	주요 내용	관련 기록	비고
화장(化裝)	적진에 침투하기 위해 복장 등을 바꾸는 첩보술	『신기제적태벽음경』 『이정병법』 외	현대의 위장·변장술
사험(査驗)	적의 첩보술을 막기 위한 방첩 수단으로 특별한 기물이나 표식 등을 이용함	『연별기실』 『구명서』	현대의 방첩술
위조(僞造)	적을 혼란에 빠뜨리기 위해 거짓 문서나 물건을 만드는 첩보술로 편지 위조가 주류	『간서』	현대의 위조
판석(判析)	적의 정보를 판단하고 분석하는 고급 첩보술	『간서』	현대의 정보 분석
탁봉(啄封)	정보 문건의 파손을 방지하기 위한 봉인 등을 제거하는 기술	『사집(史集)』 (이란의 역사 기록)	현대의 최첨단 기술을 이용한 정보 확인술
밀장(密藏)	기밀문서 등을 밀랍 등으로 확실하게 봉하거나 특수한 장치로 이용하여 전달하는 기술	『조야유요』 『자치통감』 『구오대사』『송사』 외	현대의 특수 정보 전달 장치

김부식/정구복 외 역주, 『삼국사기』(전5권), 한국학중앙연구원, 1997.

김부식/이병도 역주, 『삼국사기』(상·하), 을유문화사, 1987.

일연/리상호 옮김, 『삼국유사』, 까치, 1999.

일연/김원중 옮김, 『삼국유사』, 을유문화사, 2002.

손자/김광수 역주, 『손자병법』, 책세상, 1999.

『사기(史記)』

『수서(隋書)』

『구당서(舊唐書)』

『신당서(新唐書)』(이상 정사는 中華書局 標點校勘本)

『자치통감(資治通鑑)』(宏業書局 標點校勘本)

『일본서기(日本書紀)』(상·하), 岩波書店, 1965.

孫厚洋, 『中國古代用間術』, 河北人民出版社, 1990.

褚良才, 『中國古代間諜史話』, 中州古籍出版社, 1998.

李零主編, 『中國兵書名著今譯』, 軍事譯文出版社, 1992.

徐勇主編, 『先秦兵書通解』, 天津人民出版社, 2002.

于彦周, 『間諜與戰爭』, 時事出版社, 2005.

손관승, 『우리는 그들을 스파이라 부른다』, 여백, 1999.

어니스트 볼크먼/이창신 역, 『스파이의 역사』(1), 이마고, 2003.

운노 히로시/안소현 역, 『스파이의 세계사』, 시간과공간사, 2005.

강준신, 『우리가 몰랐던 삼국시대 스파이』, 아름다운책, 2004.

클라이브 기포드/임정희 역, 『스파이』, 더북컴퍼니, 2005.

CHRISTOPHER DOBSON & RONALD PAYNE, THE DICTIONARY OF ESPIONAGE, GRAFTON BOOKS, 1986.

井澤元彦, 『逆說の日本史』(2), 古代怨靈編, 小學館文庫, 2001.

김영수(공역), 『고구려간사』, 삼성출판사, 1990.

김영수 역, 『맨얼굴의 중국사』(1~5), 창해, 2005.

백기인 외, 『한민족전쟁사총론』, 교학연구사, 1988.

신형식, 『고구려사』, 이화여자대학교출판부, 2003.

이종욱, 『고구려의 역사』, 김영사, 2005.

이종욱, 『신라의 역사』, 김영사, 2002.

김용만, 『고구려의 발견』, 바다출판사, 1999.

김용만, 『인물로 보는 고구려사』, 창해, 2001.

김용만, 『새로 쓰는 연개소문』, 바다출판사, 2003.

이도학, 『새로 쓰는 백제사』, 푸른역사, 1997.

이도학, 『한국 고대사 그 의문과 진실』, 김영사, 2001.

류연산, 『고구려 가는 길』, 아이필드, 2004.

이희근, 『전환기를 이끈 17인의 명암』, 휴머니스트, 2002.

한영우 선생 정년기념논총 간행위원회, 『한국사 인물열전』(1), 돌베개, 2003.

박순교, 『김춘추 외교의 승부사』, 푸른역사, 2006.

김영수, 「고대첩자고」, 『군사』 제27호, 국방군사연구소, 1993.

김영수, 「한국 시조설화와 그 역사 지평」, 『한국학보』, 1993.

김복순, 「삼국의 첩보전과 승려」, 『한국불교문화사상사』(권상 : 가산이지
　　　관스님화갑기념논총, 1992),

노태돈, 「5-6세기 동아시아의 국제정세와 고구려의 대외관계」, 『東方學
　　　志』 44, 1984.

허중권, 『신라 통일전쟁사의 군사학적 연구』, 한국교원대학교대학원 박
　　　사학위논문, 1995.

허중권, 「삼국시대 군사사상에 관한 연구 -김유신의 군사사상과 전략전
　　　술 - 」, 『3사교논문집』 제44집, 1997.

박순교, 『김춘추의 집권과정 연구』, 경북대학교박사학위논문, 1999.

강선, 『고구려와 북방민족의 관계 연구』, 숙명여자대학교대학원 박사학
　　　위논문, 2003.

直木孝次郎, 「古代朝鮮における間諜について」, 『橿原考古研究所論集』 5,
　　　吉川弘文館, 1979.

許獲, 「略談臨沂銀雀山漢墓出土的古代兵書殘簡」, 『文物』 74-2.

山東省博物館臨沂文物組, 「山東臨沂西漢墓發現 '孫子兵法' 和 '孫臏兵法' 等竹
　　　簡的簡報」, 『文物』 74-2.